I0010974

PYTHON 3.7

de zéro à expert

Julien FAUJANET

Table des matières

Table des matières

Introduction

Python est un langage de programmation orientée objet et multiplateformes sous licence libre. Vous pouvez donc l'utiliser sur une machine Windows, Mac, ou Linux. Il est très facile à apprendre grâce à sa syntaxe simple et intuitive. Il peut s'utiliser dans de nombreux domaines comme : le développement Web, le machine learning, l'automatisation, le hacking, etc... A l'heure où j'écris ces lignes, Python 3.7 est la version la plus récente et c'est celle-là qui sera étudiée dans ce livre.

Quel sont les prérequis pour aborder ce livre ?

Absolument aucune connaissance en programmation n'est nécessaire pour comprendre ce livre puisque nous allons tout apprendre de zéro. Je vous conseille cependant et surtout si vous êtes débutant, de lire les chapitres dans l'ordre, sinon vous risquez d'être vite largués. En d'autres termes, si vous savez lire (ce qui devrait être le cas si vous achetez un livre), que vous savez allumer votre ordinateur, aller sur internet et installer un logiciel (cette dernière recommandation n'est pas obligatoire), sachez alors vous avez toutes les compétences nécessaires pour devenir un programmeur Python (du moins, avec ce livre).

Qu'allons nous apprendre dans ce livre ?

Dans ce livre qui sera séparé en plusieurs tomes nous commencerons par apprendre comment se servir de Python et nous verrons quelles sont les options qui s'offrent à nous pour le lancer et l'utiliser.

Ensuite nous aborderons les variables qui sont un élément essentiel dans tous les langages de programmation et nous enchaînerons avec les opérations mathématiques de bases comme : l'addition, la soustraction, la multiplication, la division, les puissances et le modulo (qui n'est rien d'autre que le reste d'une division).

Nous passerons ensuite sur les chaines de caractères, car un programme sans texte n'est pas vraiment un programme. Vous imaginez si le programme ne peut pas communiquer avec l'utilisateur ? C'est tout simplement impensable.

Nous continuerons avec les listes et les Tuples. Les listes sont partout et la programmation ne fait pas exception à la règle. Quant aux Tuples, se sont des sortes de listes mais nous y reviendrons. Les dictionnaires sont une autre manière de créer des collections de données. Différente des listes et des Tuples mais tout aussi utile.

Les structures conditionnelles sont un des tournants de ce livre qui vous fera prendre conscience de l'intérêt de la programmation. En effet, demander au programme d'exécuter une action en fonction d'une condition bien précise est une chose que vous ferez plusieurs fois dans chacun de vos programmes.

Deuxième gros tournant de la programmation : les boucles. L'intérêt d'un programme c'est de lui faire faire des taches longues et rébarbatives sans jamais l'entendre se plaindre. Là où un être humain fatiguerait au bout de quelques heures (peut être même minutes) le programme pourra exécuter la même action, encore et encore sans s'arrêter et il pourra même l'exécuter un million de fois plus vite qu'une personne.

Les fonctions, ma partie préférée quand je code. Pouvoir regrouper du code de plusieurs dizaines de lignes à un endroit, lui donner un nom et au moment où j'ai à nouveau besoin de retaper toutes ces lignes, savoir que je n'ai qu'à taper le nom que j'ai donné pour exécuter la même action, c'est vraiment quelque chose de puissant je trouve (j'ai énormément schématisé mais bon). Et en plus, je ne vous parle même pas de la puissance des fonctions grâce aux arguments (on verra ça plus tard).

Quand vous serez passé des fonctions à la programmation orientée objet, vous vous demanderez l'espace d'un instant, si je vais m'arrêter à un moment de vous faire évoluer ou si ce sera comme ça jusqu'à la fin du livre. Même si j'hésite entre le spoiler et le fait de vous manipuler pour vous maintenir motivés, laissez-moi vous dire que non, je n'ai pas l'intention de ralentir dans les connaissances intéressantes que je vous enseignerai dans ce livre.

Les méthodes magiques on peut dire qu'elles portent bien leur nom. Imaginez que pour une raison quelconque, pour vous : 1+1 ne fait pas 2 mais 11 eh bien avec les méthodes magiques vous pourriez reprogrammer le symbole de l'addition pour lui dire qu'à partir de maintenant 1+1 ça fait 11 et que les numéros doivent se mettre à la suite les uns des autres et ne pas s'additionner. Vous pourriez même reprogrammer le symbole de l'addition pour dire que les couleurs peuvent s'additionner ou que les lettres et les chiffres peuvent aussi s'additionner. Bref c'est vous qui choisissez.

Ensuite nous verrons les opérateurs de bits et les opérateurs de décalages, mais si je vous en parle maintenant je vais vous embrouiller l'esprit.

Les produits cartésiens dont nous parlerons ensuite ne sont rien de plus que ce qui est vu en mathématique mais si vous ne l'avez pas étudié en maths, ne vous inquiétez pas nous le verrons depuis le début.

Tome 2 :

Après cela nous attaquerons un très gros chapitre : Les images. Nous apprendrons à les afficher, les enregistrer, y appliquer des filtres très utiles (d'autres moins utiles), nous verrons comment créer nos propres filtres. Puis nous étudierons le domaine de la stéganographie qui est un domaine qui permet de dissimuler des données dans une image qui sont bien évidemment, invisible à l'œil nu. Je vous montrerai comment cacher l'équivalent de plusieurs romans dans une photo. Puis ensuite, ce sera au tour des QR Codes, nous ferons nos propres QR Codes, nous en ferons même en couleurs et même animés (en GIF) et en version stroboscopique.

Nous enchainerons avec la présentation de deux bibliothèques d'interfaces graphiques. Je vous montrerai quelques fonctionnalités sur les deux bibliothèques, mais seule une des deux sera étudié aux chapitres suivants.

La bibliothèque WxPython est une bibliothèque d'interfaces graphiques et je la trouve très fournie et très simple d'utilisation. Je lui consacrerai donc deux chapitres et vous serez surpris de ce que vous serez capable de faire avec.

Après deux chapitres sur WxPython, vous serez impatient d'attaquer celui sur l'automatisation en Python. Il est évident que de pouvoir créer des bots ou des algorithmes capables d'exécuter des actions sans aucune intervention de l'utilisateur est quelque chose de très utile.

Puis nous finirons avec les modules, car oui, Python est un langage qui s'agrandit et devient de plus en plus performant, connu et utile grâce aux modules des utilisateurs. Vous apprendrez à créer vos propres modules mais nous étudierons aussi les modules les plus connu et utilisés en Python.

Si jamais vous avez la moindre question, n'hésitez pas à m'envoyer un e-mail à :

julienfaujanet@gmail.com

Maintenant, il ne me reste plus qu'à vous souhaiter une bonne lecture.

1. Débuter

1.1 Comment utiliser Python

Nous verrons comment lancer et utiliser Python, grâce aux interpréteurs qui sont à notre disposition. Mais nous verrons aussi que nous pouvons en télécharger un autre.

1.2 Syntaxe et mots-clés réservés

Nous parlerons des commentaires en Python. Je vous montrerai les différentes façons d'écrire du code qui sera ignoré dans le but de vous remémorer à quoi sert votre code, puis je vous donnerai la liste des mots-clés réservés en Python.

Dans ce tout premier chapitre nous allons commencer par voir comment utiliser Python, avec surtout, les différentes possibilités qui s'offrent à nous pour pouvoir programmer en langage Python. Nous verrons ensuite la syntaxe du langage qu'il faudra respecter au risque de provoquer des erreurs (la bête noire des programmeurs) et pour finir je vous montrerai la liste des mots-clés qui sont réservés et que vous ne devrez pas utiliser pour vos noms de variables.

Si vous ne savez pas ce qu'est une variable, ne vous inquiétez pas, nous le verrons très bientôt.

1.1 Comment utiliser Python

Nous allons maintenant commencer par installer Python, même s'il y a de grandes chances pour qu'il soit déjà installé sur votre machine, je vous montre tout de même la marche à suivre avec la version 3.7 du langage de programmation. Qui elle a très peu de chances d'être d'office installée sur votre machine.

En ce qui me concerne, j'utilise un Mac mais comme je l'ai déjà mentionné dans l'introduction, vous pouvez tout aussi bien, utiliser Windows ou même Linux si vous voulez.

Rendez-vous sur le site : https://www.python.org/downloads/

Regardez la capture suivante :

Il vous est proposé d'office de télécharger la version 3.7, qui est la dernière à ce jour (9 Juillet 2018). Mais plus bas vous pouvez choisir une autre version.

Regardez :

Looking for a specific release?

Python releases by version number:

Release version	Release date	
Python 3.7.0	2018-06-27	Download
Python 3.6.6	2018-06-27	Download
Python 2.7.15	2018-05-01	Download
Python 3.6.5	2018-03-28	Download
Python 3.4.8	2018-02-05	Download
Python 3.5.5	2018-02-05	Download
Python 3.6.4	2017-12-19	Download
Python 3.6.3	2017-10-03	Download

View older releases

Téléchargez-là et suivez les instructions qui sont indiquées :

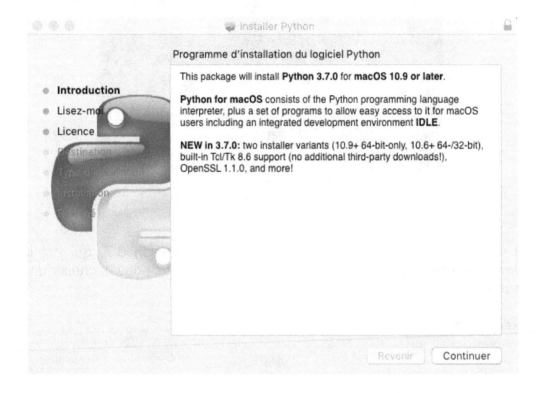

Cliquez sur "Continuer", puis ensuite la marche à suivre est toujours la même pour tous les logiciels (en fonction du système d'exploitation bien sur). Vous allez devoir valider les conditions générales (après les avoir lu) et attendre que l'installation se termine.

Maintenant que Python est installé, nous allons avoir besoin d'un interpréteur, pour l'utiliser. Pour faire simple, un interpréteur est un programme qui va vous permettre de taper des instructions en Python (sous forme de texte) pour pouvoir l'exécuter. L'interpréteur le plus

simple et que tous les ordinateurs possèdent est le terminal (ou invite de commande sous Windows).
Maintenant ouvrez le terminal (ou invite de commande sous Windows).

Regardez la capture suivante :

Tapez-y "python3.7" (sans les guillemets) et validez. Regardez le résultat sur la capture suivante :

Vous voilà à présent devant votre interpréteur Python. Nous allons donc commencer à taper nos premières instructions. Vous pouvez vous en servir comme d'une calculatrice.

Vous n'avez qu'à taper l'opération et valider avec la touche "Entrée".

Regardez la capture suivante :

```
[MacBook-2:~ Mac$ python3.7
 Python 3.7.0 (v3.7.0:1bf9cc5093, Jun 26 2018, 23:26:24)
 [Clang 6.0 (clang-600.0.57)] on darwin
 Type "help", "copyright", "credits" or "license" for more information.
[>>> 1+1
 2
[>>> 25+50
 75
```

Par contre si vous voulez taper du texte, faîtes attention car si vous ne mettez pas votre texte entre guillemets cela ne fonctionnera pas.

Regardez :

```
[>>> salut
 Traceback (most recent call last):
   File "<stdin>", line 1, in <module>
 NameError: name 'salut' is not defined
[>>> "salut"
 'salut'
 >>> 
```

Comme vous le voyez, je suis obligé de mettre mon texte entre guillemets pour ne pas provoquer d'erreurs. Mais taper du texte comme cela n'a aucun intérêt vu que Python se contente de le réécrire quand je valide avec "Entrée".

Quand vous avez installé Python, il vous a été installé un interpréteur qui se nomme "IDLE" et qui est installé d'office avec Python.

Vous pouvez l'utiliser si vous préférez, mais en ce qui me concerne je préfère utiliser un IDE (ou EDI en Français). Je vous en parle juste après.

Regardez d'abord une capture de l'interpréteur IDLE :

```
Python 3.7.0 (v3.7.0:1bf9cc5093, Jun 26 2018, 23:26:24)
[Clang 6.0 (clang-600.0.57)] on darwin
Type "copyright", "credits" or "license()" for more information.
>>>
```

Qu'est ce que c'est qu'un IDE ?

Un IDE est un Environnement de Développement Intégré (EDI en Français) c'est un interpréteur ou compilateur selon le langage, avec une interface graphique plus fournie et des fonctionnalités supplémentaires utiles au développement.

Je ne vais pas détailler toutes les fonctionnalités, d'autant que je ne les connais pas toutes (il y en a trop) mais sachez qu'il y a :

- La coloration syntaxique
- Une meilleure gestion des dossiers et fichiers de votre projet
- Les snippets

- Un lancement du code plus rapide
- Recherche de mots ou expression dans le code avec possibilité de faire un "rechercher/remplacer".

L'IDE que j'utilise et que je vous recommande est PyCharm. Je vous mets quelques captures d'écrans, vous verrez de suite que c'est beaucoup mieux que le terminal.

Cette capture est tirée du site web de Jetbrains (qui est la société qui détient PyCharm). Malheureusement même s'il s'agit d'un thème que j'aime bien, pour les captures d'écrans de ce livre, je serai obligé de vous mettre un fond clair pour que le texte soit plus lisible.

Ce que j'ai fait sur la capture suivante qui provient de mon propre IDE.

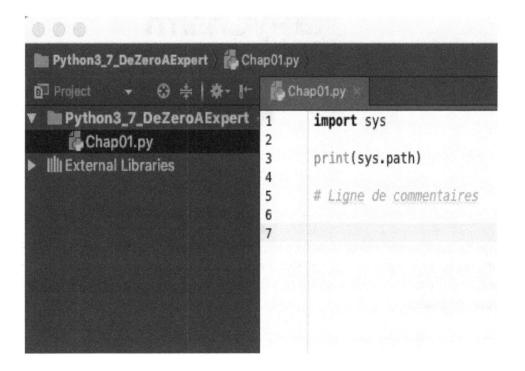

Si vous souhaitez télécharger PyCharm, rendez-vous à l'adresse :

https://www.jetbrains.com/pycharm/ .

Vous arriverez sur la fenêtre suivante :

Cliquez sur Download et une fois téléchargé, vous pouvez installer l'IDE. Survolons à présent le logiciel PyCharm. Je vous montre le minimum pour coder mais si vous voulez approfondir vous pourrez jeter un œil à la documentation.

Détails (dans les grandes lignes) de L'IDE PyCharm:

Sur la gauche, vous avez la colonne du projet avec toute la hiérarchie des dossiers et fichiers de votre projet.

Voir capture suivante :

Au centre vous avez la fenêtre principale. C'est dans cette fenêtre que vous allez écrire votre code. Ne faîtes pas attention au code que j'ai écrit, c'est juste pour habiller un peu la capture :

```
Chap01.py
1    import sys
2
3    print(sys.path)
4
5    # Ligne de commentaires
6
7
```

Enfin au bas, vous avez la console, qui est une partie très importante puisqu'elle vous permettra de voir le résultat de votre code dans la plupart des cas, mais surtout, c'est ici que vos erreurs seront affichées.

Quant aux boutons sur la gauche, ils vous permettront de lancer votre code, de l'arrêter etc...

Regardez :

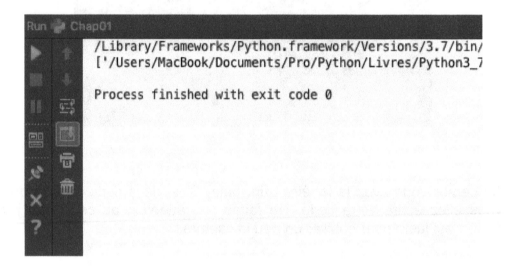

Passons maintenant à la syntaxe du code et aux mots-clés réservés.

1.2 Syntaxe et mots-clés réservés

En Python (comme dans les autres langages de programmation) il y a une syntaxe à respecter si vous ne voulez pas provoquer d'erreurs à l'exécution de votre code. De plus, Python est un langage indenté, ce qui signifie que les blocs de codes ne sont pas séparés par des accolades (comme les autres langages) mais par des tabulations. Nous reviendrons sur ce point dès que nous étudierons les instructions qui se séparent en blocs de codes distincts.

Passons aux commentaires. Vous devez savoir qu'en Python vous avez la possibilité de mettre des commentaires qui seront ignorés par l'interpréteur. Mais pourquoi les mettre s'ils seront ignorés me direz-vous ?

C'est très simple, au début quand votre code sera encore assez petit et simple, il est clair que vous n'aurez pas toujours besoin de commentaires mais au fur et à mesure que vos programmes deviendront de gros fichiers avec énormément de lignes de codes, vous aurez besoin de quelques indications pour vous dire que cette fonction sert à faire ceci et que les 150 lignes suivantes servent à faire cela.

Ça peut peut-être vous sembler inutile et ridicule, mais sachez que quand vous laisserez de côté votre code pendant un mois ou deux, vous serez bien content d'avoir écrit des commentaires pour vous expliquer comment marche votre programme.

Il y a plusieurs façons d'écrire des commentaires en Python. Premièrement il y a les commentaires qui tiennent sur une seule ligne et les commentaires qui tiennent sur plusieurs lignes. Voyons quelques exemples concrets sur la capture suivante :

```
5    # Ligne de commentaires qui tient sur une ligne
6
7    '''
8    Commentaires sur plusieurs lignes
9    que j'ai écrit avec trois guillemets
10   simples au début et à la fin
11   '''
12
13   """
14   Commentaires multilignes que
15   j'ai écrit cette fois-ci avec
16   trois guillemets doubles au
17   début et à la fin
18   """
19
20   ''' Je peux aussi écrire un commentaire monoligne comme ça '''
21
22   """ Et aussi comme ceci """
```

Nous commençons à la ligne 5 avec un commentaire qui tient sur une seule ligne. Pour utiliser ce type de commentaire vous devez faire précéder son texte d'un signe dièse (#), une fois fait, tout le code placé après sera un commentaire et sera ignoré par l'interpréteur.

Ligne 7 à 11, j'ai écrit un commentaire sur plusieurs lignes. Pour cela j'ai utilisé trois guillemets simples avant et trois guillemets simples après le texte que je veux mettre en commentaire.

Attention tout ce qui se trouve entre la paire de triples guillemets est vu comme un commentaire et sera ignoré par l'interpréteur.

Les guillemets multi lignes peuvent aussi s'écrire avec des guillemets doubles, sur le même principe. Trois guillemets double avant et trois guillemets double après le texte que vous voulez mettre en commentaire et comme vous le voyez aux lignes 20 et 22 vous pouvez utiliser des guillemets pour commentaires multi lignes même si vous les écrivez sur une seule ligne.

Bien ! Maintenant que vous êtes devenu un pro des commentaires en Python nous allons parler des mots-clés réservés et nous aurons fait le tour de ce petit chapitre. (Le plus petit du livre).

Les mots-clés réservés sont des mots que vous ne devez pas utiliser pour vos noms de variables et fonctions en Python. Même si nous n'avons pas encore vu les variables et fonctions, sachez juste pour le moment que vous allez pouvoir donner des noms (de votre choix) sur des parties de votre code qui se nomme variables et fonctions (désolé de devoir rester vague pour le moment).

Et bien les noms que vous donnerez ne pourront pas faire partie de la liste des mots-clés réservés.

Voici la liste :

False	class	finally	is	return
None	continue	for	lambda	try
True	def	from	nonlocal	while
and	del	global	not	with
as	elif	if	or	yield
assert	else	import	pass	
break	except	in	raise	

Avant de terminer ce chapitre je voudrais vous parler d'une fonction (nous verrons les fonctions plus tard) qui va nous permettre d'afficher les résultats de nos instructions.

Je ne vous en ai pas parlé avant puisqu'avec la console, il nous suffisait d'appuyer sur "Entrée" pour voir le résultat, mais dans notre IDE (PyCharm) nous devons utiliser une fonction pour cela.

Cette fonction vous l'avez déjà aperçu au chapitre 1 même si je vous avais dit que le code que je mettais dans les captures était juste pour les étoffer un peu.

Il s'agit de la fonction "print" qui affichera ce qu'elle contient entre les parenthèses dans la console (console est ici le terme pour désigner la fenêtre du bas de PyCharm).

Puisque nous en sommes là, je dois vous expliquer comment lancer l'exécution de votre code. C'est très simple, il suffit de cliquer sur le menu "Run" et de cliquer sur "Run nom de votre fichier" ("nom de votre fichier" est bien sur le nom de votre fichier à vous).

Ensuite une fois que vous aurez lancé votre programme une fois, vous pourrez le lancer directement avec la flèche verte qui se trouve à côté de la fenêtre de la console.

Regardez :

A partir du deuxième lancement vous pourrez faire :

Bien. Revenons à notre fonction "print".

Faisons quelques essais :

```
1
2    print(23)
3
4    print(50)
5
6    print("Bonjour tout le monde !")
7
```

Vous remarquerez que pour afficher du texte il faut le mettre entre guillemets (guillemets simple ou double, c'est pareil, mais vous ne devez mettre qu'un guillemet avant et qu'un après votre texte). Au lancement du programme vous verrez donc le résultat de la capture suivante dans la console (fenêtre au bas de l'écran) :

```
/Library/Frameworks/Python.framewc
23
50
Bonjour tout le monde !

Process finished with exit code 0
```

2. Variables et opérations

2.1 Les variables

Nous verrons ce que sont les variables et à quoi elles servent. Nous verrons aussi les règles à respecter pour les noms des variables.

2.2 Les opérations mathématiques

Nous apprendrons ou réviserons les opérations de base en mathématiques, comme : l'addition, la soustraction, la multiplication, la division, les puissances et le modulo.

Dans ce chapitre nous verrons ce que sont les variables et nous apprendrons à les utiliser. Vous verrez rapidement qu'elles sont indispensables à la création d'un programme et ce, dans n'importe quel langage de programmation. Nous verrons ensuite les opérations mathématiques sur les variables. Opérations que vous avez déjà apprises à l'école pour la plupart d'entre vous. Addition, soustraction, multiplication, division mais aussi les puissances et le modulo.

2.1 Les variables

Je vais vous expliquer ce que sont les variables de deux manières différentes. D'un point de vue métaphorique, une variable est une sorte de boîte qui contient des données et qui vous la stoque pour que vous puissiez l'utiliser plus tard dans le programme (comme une sorte de sauvegarde si vous préférez).

Maintenant, d'un point de vue professionnel et technique, une variable est une adresse en mémoire qui réserve un emplacement à l'avance pour votre donnée.

Dans les deux cas c'est la même chose. C'est juste une manière différente de l'expliquer et il vous revient de trouver un nom pertinent pour chaque variable. Par exemple si vous créer une variable pour stocker l'âge de l'utilisateur il serait plus logique de la nommer age_utilisateur plutôt que variable_1.

Cependant attention, il y a des règles à respecter pour les noms de variables, sinon vous aurez une (ou des) erreur(s) dans votre code. Voici les règles qu'il vous faudra respecter :

- Pas d'espaces dans les noms de variables

- Vous pouvez utiliser plusieurs mots dans un nom de variable mais ils doivent soit être collés, soit être séparés par un underscore _ , que certains nomme "tiret du 8" sur les claviers azerty.
- Pas d'accent dans les noms de variables
- Pas de mots-clés réservés (nous avons vu les mots réservés au chapitre précédent).

Voici quelques exemples de ce que vous pouvez et ne pouvez pas faire avec le choix des noms de variables :

Je voudrais rajouter que les chiffres sont autorisés dans les noms de variables à conditions que le nom ne commence pas par un chiffre.

Noms autorisés :
Age, age, age8, age_utilisateur, ageUtilisateur, monAge, MON_AGE, niveau_du_joueur

Noms non-autorisés :
Âge (pas d'accent), 1nom (ne doit pas commencer par un chiffre), niveau du joueur (pas d'espace), class (pas de mots réservés).

Voyons maintenant comment stocker des données dans des variables :

```
1
2    ma_variable = 1
3
4    mon_age = 34
5
6    ma_taille = 1.72
7
8    monPoids = 60
9
```

Je crée ici des variables en leurs donnant un nom à chacune et je leur assigne (c'est le terme exact) une valeur sous cette forme là :
Nom de ma variable = valeur de ma variable. Et c'est tout, c'est aussi simple que ça. Vous écrivez le nom de votre variable; vous mettez le signe égal (=) et la valeur que vous voulez lui donner.

Attention, veuillez noter que la virgule s'écrit avec un point en programmation.

Bien évidemment, nous pouvons mettre du texte dans les variables, mais nous verrons les chaines de caractères au chapitre suivant alors nous ne le parcourrons que brièvement.

Regardez la capture suivante :

```
14    mon_nom = "Julien"
15
16    print(ma_variable)
17    print(mon_age)
18    print(ma_taille)
19    print(monPoids)
20    print(mon_nom)
21
```

Je peux stocker mon prénom dans une variable (si je mets le texte entre guillemet). Nous pouvons directement afficher une variable dans la fonction "print".

Résultat :

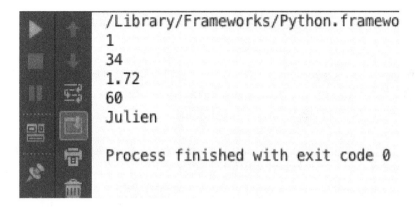

Comme vous pouvez le constater il n'y à rien de compliqué dans ce que nous venons de voir. La fonction "print", affiche ce que vous lui donnez en arguments (nous reviendrons sur ce terme dans le chapitre sur les fonctions). Passons sans plus attendre aux opérations mathématiques en Python.

2.2 Les opérations mathématiques

Vous allez voir dans cette partie du chapitre que les opérations mathématiques en Python sont vraiment similaires à celles que l'on vous a enseignées à l'école. Laissez-moi vous les répertorier (au moins les principales) avant de vous montrer des exemples concrets. Il y a :

L'addition, qui s'utilise avec le signe + de votre clavier.

La soustraction, qui s'utilise avec le − de votre clavier (que ce soit le moins de votre pavé numérique ou le tiret du 6 sur les claviers azerty).

La multiplication, qui s'utilise avec * (l'étoile de votre clavier).

Ensuite nous avons les divisions (oui, j'ai dit "les" divisions) car il y en a 2.

La première s'utilise avec le / de votre clavier, c'est une division décimale qui vous renverra donc un nombre décimal, même si vous lui demandez de calculer 10/2 elle ne vous renverra pas 5 mais 5.0.

Quant à la deuxième division elle s'utilise avec // (deux barres) et elle est une division de nombres entiers. Ce qui signifie que si vous lui demandez 10//2 elle vous renverra 5 (et non pas 5.0) mais attention, si vous lui demandez de faire 9//2, elle vous renverra 4 (et surtout pas 4.5, puisque c'est une division de nombre entiers).

Commençons nos essais par l'addition :

```
1
2       print(10+20)
3
4       moyenne = 80
5
6       print(moyenne)
7
8       moyenne = 60
9
10      print(moyenne)
11
12      print(moyenne+12)
```

Nous pouvons voir à la ligne 2 de la capture précédente que je réalise une addition directement dans le print (10+20).

Lignes 4 et 6, je me contente d'assigner la valeur 80 à ma variable "moyenne" et je l'affiche dans un print.

Ligne 8, je change directement la valeur de la variable "moyenne" qui vaudra 60 à partir de maintenant. Je l'affiche à la ligne 10.

Enfin (et c'est la plus intéressante) ligne 12, j'affiche dans un print l'opération "moyenne"+12 (moyenne valant 60, 60+12 = 72).

Regardons le résultat :

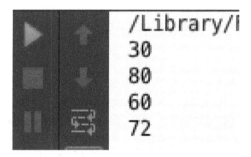

Le premier résultat correspond à la ligne 2 de notre code. Le deuxième (80) à la ligne 6 (le print). Le troisième (60) à la ligne 10 et enfin le dernier à la ligne 12.

Continuons avec les soustractions.

Voici quelques exemples :

```
1
2      print(10-50)
3
4      nouvelle_note = 18
5
6      moyenne = 80-40
7
8      print(moyenne)
9
10     moyenne = moyenne - nouvelle_note
11
12     print(moyenne)
13
14     print(moyenne-100)
15
```

Nous voyons une simple soustraction à la ligne 2, mais vous remarquerez qu'elle donnera un résultat négatif (10-50 = -40).
Je crée une variable nouvelle_note à la ligne 4 et je lui assigne la valeur 18. Ligne 6 je me contente de faire 80-40 que j'assigne à la variable moyenne que j'affiche à la ligne 8.

Vous voyez un nouveau concept à la ligne 10. Je dis simplement que la variable moyenne est égale à moyenne moins la valeur de la variable nouvelle_note. Ce qui fera 22 et je l'affiche à la ligne 12.
Puis pour finir, à la ligne 14 j'affiche dans un print l'opération : moyenne-100 qui sera égale à -78.

Regardez le résultat :

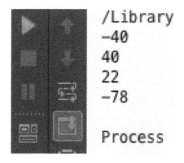

```
/Library
-40
40
22
-78

Process
```

Enchainons avec les multiplications :

```
1
2    print(5*2.5)
3
4    coef = 5
5
6    nouvelle_note = 18.5
7
8    total = nouvelle_note * coef
9
10   print(total)
```

Ligne 2, il s'agit d'une simple multiplication (j'ai choisi de la réaliser avec un nombre à virgule, histoire de vous montrer différents scénarii).
Lignes 4 et 6, je crée simplement des variables, puis ligne 8 je crée une variable total qui sera égale à la variable nouvelle_note (18.5) fois coef (5). C'est à dire : 92.5.

Regardez le résultat :

Sans surprises. Maintenant, les divisions :

```
1
2   print(5/2.5)
3
4   nombre_de_notes = 4
5
6   toute_les_notes = 18+20+15+16
7
8
9   moyenne = toute_les_notes / nombre_de_notes
10
11  print(moyenne)
12
13  print(10 / 3)
14
15  print(10 // 3)
16
```

Ligne 2, je réalise une simple division avec un résultat à virgule (souvenez-vous plus haut). Ligne 4, je crée simplement une variable qui contiendra le nombre de notes. Ligne 6, c'est une variable à laquelle j'assigne les valeurs de toutes mes notes.

La variable moyenne de la ligne 9 contiendra la somme de toutes les notes, divisée par le nombre de notes (la moyenne en fait) que j'affiche ligne 11.

Puis ligne 13 et 15, je fais deux divisions avec les mêmes nombres à l'exception que la première sera en nombre flottant (à virgule) et la deuxième est une division d'entiers.

Voici les résultats :

```
2.0
17.25
3.3333333333333335
3
```

Bien conscient que le niveau est assez bas pour le moment. Nous allons donc enchainer avec les "puissances".

Je ne vous garanti pas que je garderai ce jeu de mots à la publication du livre ; il me fait assez honte.

En Python les puissances s'utilisent avec deux étoiles **. Vous renseignez votre nombre, puis deux étoiles, puis l'exposant auquel vous voulez élever votre nombre. Par exemple, pour faire 10 puissances 2 il faudra écrire :
10**2 (ce qui est égal à 100).

Mais regardons plutôt quelques exemples :

```
1
2    print(10**2)
3
4    exposant = 4
5
6    nombre = 2
7
8
9    nombre_eleve = nombre ** exposant
10
11   print(nombre_eleve)
12
```

Ligne 2, il s'agit d'une simple opération qui calcule 10 puissance 2 (100). Lignes 4 et 6, je crée deux variables une que je nomme exposant (qui sera mon exposant) et l'autre que je nomme nombre et qui sera le nombre qui sera élevé par l'exposant.

Je réalise l'opération en question à la ligne 9 et je stocke le résultat dans la variable nombre_eleve et je l'affiche grâce au print à la ligne 11. Voyez maintenant les deux résultats :

```
100
16
```

2 puissance 4 est bien égal à 16 (2x2x2x2 = 16).
Il nous reste à voir le modulo et pour la suite il ne s'agira que de quelques astuces que je vous donnerai.

L'opération du modulo, qui s'utilise en Python grâce au signe (pourcent) % est en fait le résultat d'une division. Je m'explique :

Prenons l'opération 10%3 qui se prononce : 10 modulo 3, le résultat renvoyé sera 1 parce que 10 % 3 veut dire en réalité : dans l'opération 10 / 3, quel est le reste de la division ? Le reste de la division de 10 / 3 est 1.

Regardez ces quelques exemples :

```
1
2    print(10 % 3)
3
4    print(50 % 13)
5
6    print(25 % 7)
7
```

Nous avons vu que 10%3 est égal à 1. Voyons 50 % 13 : 50 / 13 est égal à 3 car 3 x 13 égal 39 et il reste 11. Donc 50 % 13 égal 11. Puis 25 % 7 : 25 / 7 égal 3, car 3 x 7 égal 21, il reste 4 pour aller à 25. Donc 25 % 7 égal 4.

Voici le résultat :

```
1
11
4
```

Maintenant, laissez-moi vous montrer quelques astuces en ce qui concerne les opérations mathématiques.
Vous vous souvenez quand nous étions obligé de faire une opération du style :

moyenne = moyenne + note ?
Sachez qu'en réalité, nous aurions pu raccourcir cette opération. Les programmeurs sont des gens fainéants et écrire deux fois le nom de la variable était inutile pour eux alors ils ont inventés une astuce.
Le raccourci pour écrire :
moyenne = moyenne + note, c'est :
moyenne += note
 Quand vous mettez le signe de l'opération avant le signe égal, cela signifie additionne moi ce qu'il y a à droite du égal dans la variable qu'il y a à gauche (pour l'addition) mais cela marche avec tous les opérateurs.

Regardez mes exemples :

```
 1
 2    somme_totale = 80
 3
 4    ajout = 10
 5
 6    somme_totale = somme_totale + ajout
 7
 8    print(somme_totale)
 9
10    somme_totale += ajout
11
12    print(somme_totale)
13
```

Le raccourci est utilisé à la ligne 10 de la capture précédente et il s'agit de la même chose que l'opération qui est fait à la ligne 6. Cela consiste

44

dans le cas de l'addition à ajouter la somme qui se trouve à droite du signe égal dans la variable qui est à gauche du signe +.

Regardez les résultats :

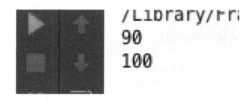

Continuons avec d'autres exemples pour bien vous habituer à cette pratique qui est bien plus courante :

```
1
2    somme_totale = 80
3
4    somme_totale += 2
5
6    print(somme_totale)
7
8    somme_totale += 5
9
10   print(somme_totale)
11
12   somme_totale *= 2
13
14   print(somme_totale)
15
```

Ici je me contente à la ligne 4 d'ajouter 2. Comme vous pouvez le constater nous ne sommes pas obligé de le faire avec une variable. Ajouter directement une somme est faisable. Ce que je refais à la ligne 8 en ajoutant 5. Jetez un œil à la ligne 12 : cette fois-ci je n'additionne pas mais je multiplie (par 2) avec l'opération
* = 2.

Regardez maintenant le résultat :

```
82
87
174
```

Vous remarquerez que les opérations ont bien été prises en compte. Tout d'abord l'ajout de 2, puis de 5 et enfin la multiplication par 2.
Voyons maintenant la même chose mais avec les soustractions et les divisions :

```
1
2    somme_totale = 100
3
4    somme_totale -= 9
5
6    print(somme_totale)
7
8    somme_totale /= 2
9
10   print(somme_totale)
11
12   somme_totale //= 2
13
14   print(somme_totale)
15
```

Ici (à la ligne 4) nous réalisons la même opération mais pour la soustraction. (En soustrayant 9 de notre somme initiale). Ligne 8, je réalise l'opération mais cette fois-ci avec la division de nombres réels (nombres décimaux) en divisant la somme par 2. Puis ligne 12, je réalise à nouveau la même division (par 2) mais cette fois-ci avec la division de nombres entiers (deux barres).

Regardez le résultat :

```
91
45.5
22.0
```

Et là vous allez me dire (et vous n'aurez pas tord) pourquoi est ce que le dernier résultat qui est le résultat d'une division de nombres entier, se termine par .0 ?
C'est très simple, mais pour cela je dois vous expliquer que les variables ont des types.

En Python il y a plusieurs types de variables. Le type n'a pas besoin d'être mentionné à la création de la variable à l'inverse de certains langages de programmation (tout dépend de la donnée qu'elle stoque).
Une variable peut être de type :

- Int (Entier, en Français, pour Integer en Anglais), il s'agit bien sur des nombres entiers (qui n'ont pas de valeur décimale)

- Float (nombre réel, ou décimaux, Float en Anglais). Ce sont les nombres décimaux.

- Str (chaîne de caractères, String en Anglais). Ce type de variables stoque du texte (nous les étudierons au chapitre suivant).

- Booléen (Boolean en Anglais). C'est un type de variables qui peut contenir soit la valeur True (vrai) soit la valeur False (faux). Ce type est utilisé pour les conditions (nous le verrons plus tard).

- None (Rien en Français, None en Anglais), ce type existe bel et bien pour stocker une valeur nulle.

Nous verrons le reste plus tard mais pour en revenir à notre exemple cité plus haut et savoir pourquoi la division entière (deux barres) donnait un nombre décimal, c'est simplement parce que si cette division contient au moins un nombre décimal parmi le nombre qui divise ou celui qui est divisé, elle renverra dans tous les cas un nombre décimal même si le résultat est supposé être un entier.

3. Chaînes de caractères

3.1 Les chaînes de caractères

Montrer quelques exemples de chaines de caractères avec différents guillemets et afficher le résultat dans le print. Parler des caractères d'échappements et des caractères non-imprimables.

3.2 Opérations sur les chaînes de caractères

Faire quelques concaténations et montrer le résultat dans le print.

3.3 Fonctions sur les chaînes de caractères

Montrer quelques exemples de fonctions natives en Python pour les chaines de caractères comme par exemple la fonction print.

Dans ce chapitre nous allons étudier les chaînes de caractères qui ne sont rien de plus que des phrases / textes. Nous verrons comment les créer, les afficher à l'écran et réaliser des opérations avec elles comme, les concaténer, les comparer, les tronquer ou autres.

3.1 Les chaînes de caractères

Comme je l'ai mentionné plus haut, les chaînes de caractères ne sont rien de plus que du texte que l'on stoque dans une variable. Variable de type "str" si vous avez suivi le chapitre précédent. Regardez ces exemples, je vous les détaille au fur et à mesure :

```
1
2    mon_prenom = "Julien"
3
4    mon_nom = 'Faujanet'
5
6    print(mon_prenom)
7
8    print(mon_nom)
```

Je crée sur la capture précédente, deux variables, une pour stoquer mon prénom (en l'entourant de guillemets double) et l'autre pour stoquer mon nom (en l'entourant de guillemets simple) le fait de les entourer par des

types de guillemets différents est uniquement pour vous montrer que les deux fonctionnent et que vous pouvez choisir la méthode que vous préférez. Ensuite je les affiche tour à tour avec la fonction print.
Regardez le résultat sur la capture suivante :

```
Julien
Faujanet
```

Comme vous le voyez, il n'y a rien de bien compliqué. Maintenant essayons de lier les deux variables (le terme exact est concaténer) essayons donc de concaténer les deux variables :

```
1
2    mon_prenom = "Julien"
3
4    mon_nom = 'Faujanet'
5
6    print(mon_prenom + mon_nom)
7
```

Sur la capture précédente, j'ai concaténé les deux variables directement dans la fonction print, mais nous verrons plus tard qu'il y a d'autres manières de faire. Quoi qu'il en soit, retenez que pour concaténer deux variables de type str (string) il faut utiliser le signe +.

Regardez le résultat :

51

JulienFaujanet

Alors là, nous avons comme un petit problème car nous aurions bien sur préféré avoir un espace pour séparer les deux variables. Pas de problème, essayons plutôt comme sur la capture suivante :

```
1
2    mon_prenom = "Julien"
3
4    mon_nom = 'Faujanet'
5
6    print(mon_prenom +' '+ mon_nom)
7
```

Voilà, il suffit de concaténer les variables avec un espace (que j'aurais pu créer avec des guillemets doubles.

Regardons le résultat :

Julien Faujanet

C'est nettement mieux.

Vous allez peut être vous demander, comment afficher les guillemets dans une chaine de caractères si pour créer une chaine de caractères il faut l'entourer de guillemets qui ne s'affichent pas à l'écran. Une fois encore, c'est très simple et nous avons deux manières de le faire. La première manière consiste à utiliser ce que l'on nomme un caractère d'échappement.

C'est un caractère particulier qui va permettre d'ignorer le comportement habituel du caractère qui se trouve juste après. Ce caractère est \ (l'antislash). Donc pour afficher les guillemets dans une chaine de caractères il faut faire comme sur la capture suivante.

Regardez :

```
1
2    mon_prenom = "\"Julien\""
3
4    mon_nom = 'Faujanet'
5
6    print(mon_prenom +' '+ mon_nom)
7
```

Sur la capture précédente, je mets mon prénom entre guillemets parce que c'est une variable de type texte mais je rajoute une autre paire de guillemets que je fais précéder chacun par le caractère \ (antislash) qui nous permettra donc de les afficher à l'écran.

Regardez :

```
"Julien" Faujanet
```

Voilà, grâce aux deux caractères d'échappements qui permettent ici d'échapper les caractères guillemets, cela me permet de les voir s'afficher à l'écran. Laissez-moi vous montrer à présent la deuxième façon de faire :

```
9
10    print(" Mon nom complet est 'Julien Faujanet' ")
11
```

Comme on peut le voir sur la capture précédente, la deuxième manière d'afficher des guillemets dans une variable de type texte est d'utiliser les guillemets doubles quand votre variable est créée avec des guillemets simples et inversement d'utiliser des simples quand votre variable est créée avec des guillemets doubles.

Regardez :

```
Mon nom complet est 'Julien Faujanet'
```

Voilà comment afficher des guillemets dans vos variables de type texte. Maintenant, sachez qu'il y a d'autres caractères d'échappements.

Commençons par le caractère d'échappement très utile qui permet d'aller à la ligne (caractère de saut de ligne) qui s'écrit : \n (antislash + n). Vous pouvez le placer en plein milieu d'une phrase ou même d'un mot si vous voulez.

Regardez :

```
ы
10      print(" Mon nom complet est \n'Julien Faujanet' ")
11
```

Et voici le résultat :

```
Mon nom complet est
'Julien Faujanet'
```

Sympa non ?
Je vous en donne un autre mais je ne vous montre pas d'exemple avec. Vous pouvez le faire vous-même pour vous entraîner. Il s'agit d'un caractère d'échappement de tabulation qui s'écrit : \t (antislash + t).

Et pour ceux qui se demanderaient comment afficher un antislash dans une variable de type texte, c'est très simple il faut l'échapper avec un autre antislash, comme ceci : \\ (deux antislash).
Attaquons sans plus tarder les opérations sur les chaines de caractères.

3.2 Opérations sur les chaînes de caractères

Nous avons déjà parcouru la concaténation avec le signe +, il me semble donc redondant d'en reparler ici mais nous allons quand même aborder le raccourci d'affectation que je vous ai montré au chapitre précédent pour les opérations.

Regardez :

```
2    mon_prenom = "Julien"
3
4    mon_nom = 'Faujanet'
5
6    mon_prenom += mon_nom
7
8    print(mon_prenom)
```

Il fonctionne de la même manière que pour les opérations mathématiques, le résultat de la capture suivante vous le prouve :

```
JulienFaujanet
```

Mais une fois encore, nous aurions préféré un espace entre les deux variables :

```
6    mon_prenom += ' '+ mon_nom
```

Pour cela nous faisons une simple concaténation avec un espace et regardez le résultat est sans surprise :

Julien Faujanet

Voilà qui est mieux. Cela va peut être vous surprendre mais l'on peut réaliser des multiplications de texte. Et je vous le montre directement avec le raccourci d'affectation :

```
6      mon_prenom *= 5
7
8      print(mon_prenom)
9
```

Ne me dîtes pas qu'il y en a parmi vous qui ne savent pas ce que va donner ce résultat :

JulienJulienJulienJulienJulien

Il nous manque encore un espace. Cette fois je vais y remédier de cette manière :

```
2      mon_prenom = "Julien "
3
4      mon_nom = 'Faujanet'
5
6      mon_prenom *= 5
7
8      print(mon_prenom)
9
```

Je mets simplement l'espace juste après le prénom dans la variable et cela fonctionne de la même manière.

Regardez :

```
/Library/Frameworks/Python.Framework
Julien Julien Julien Julien Julien
```

Tout simplement.

Même si cela nécessiterait un chapitre entier, je vais m'efforcer de vous parler des tableaux dans cette partie puisqu'ils ont un rapport direct avec les chaines de caractères. Un tableau est un regroupement de valeurs dans une variable et chacune de ces valeurs peut être récupérée par un index (indice).

En Python les tableaux (plus généralement nommés collections de données) sont de types : Liste / Tuple (nous verrons ces types-là plus tard). Mais sachez que les chaines de caractères peuvent aussi être vu (et utilisées) comme des collections (tableaux) car une chaine de caractères, comme son nom l'indique est une chaine de plusieurs caractères.

D'accord, tout ceci est très bien, mais comment cela fonctionne concrètement ? Comment récupérer une valeur dans une collection ? C'est très simple, je vous ai parlé d'index un peu plus haut.

Un index est en fait la position de la valeur dans la file. Il y a cependant quelque chose de très important à retenir et je vous conseille de vite l'assimiler parce que ce concept est le même pour tous les langages de programmation que je connaisse.

Ce concept c'est que dans une collection de données, l'index (ou indice) de la première valeur n'est pas 1 mais 0. On commence à compter à partir de 0 en programmation. Donc une collection qui aura 3 valeurs, aura ses valeurs aux index : 0, 1 et 2.

Très bien mais tu nous a dit que les chaines de caractères étaient des tableaux, mais quand tu as créé ta variable pour y assigner ton prénom, à aucun moment je n'ai vu d'index ou même de moyen de renseigner un index.

Très bonne remarque. Pour accéder à la valeur d'une collection (dans le cas présent, pour accéder à une des lettres du prénom) il faut renseigner l'index entre crochets que l'on place après le nom de la variable comme ceci :

mon_prenom[0] (Ici, vu que la variable "mon_prenom" est Julien, la valeur à laquelle vous tentez d'accéder est la première vu que l'on commence à compter à partir de 0, soit le : J)
Mais regardez plutôt un exemple :

```
1
2    mon_prenom = "Julien"
3
4    premiere_lettre = mon_prenom[0]
5
6    deuxieme_lettre = mon_prenom[1]
7
8    print(premiere_lettre)
9
10   print(deuxieme_lettre)
11
```

Je crée aux lignes 4 et 6 deux variables, la première contiendra la valeur de l'indice 0 de la variable mon_prenom c'est à dire la première lettre et la deuxième variable contiendra la valeur de l'indice 1 de la variable mon_prenom, c'est à dire la deuxième lettre. J'affiche le résultat de ces variables dans des prints, ce qui nous donne le résultat de la capture suivante :

J

u

Facile : mon_prenom[0] contient la lettre J et mon_prenom[1] contient la lettre u.

Imaginez maintenant que l'on veuille récupérer une valeur dans une chaine de caractères mais en partant de la fin.

Vous vous doutez bien que les programmeurs ont inventés une astuce qui nous permet de ne pas compter toutes lettres jusqu'à la fin, ce serait trop fatiguant pour des fainéants comme nous (enfin comme moi surtout).

Il y a donc une façon de faire pour partir de la fin d'une chaine et pour cela il suffit de renseigner un index négatif :

-1 : correspond à la dernière lettre, -2 : à l'avant dernière etc....

Regardez :

```
12    derniere_lettre = mon_prenom[-1]
13
14    print(derniere_lettre)
15
16    avant_derniere_lettre = mon_prenom[-2]
17
18    print(avant_derniere_lettre)
```

Une fois encore pour l'exemple je crée deux variables et je récupère à la ligne 12, la dernière lettre de ma variable : mon_prenom (le : n), grâce à l'indice "-1" et à la ligne 16 je crée une variable qui récupère l'avant dernière lettre (toujours de ma variable mon_ prenom) grâce à l'indice "-2".

La preuve en images :

```
n
e
```

Nous allons maintenant voir comment faire pour récupérer une sous partie d'une chaine de caractères (une sous chaine si vous préférez). Pour cela nous devrons renseigner entre les crochets, l'indice de début et celui de fin de la chaine. Mais regardez plutôt l'exemple, ce sera plus parlant :

```
2     mon_prenom = "Julien"
3
4     debut = mon_prenom[0:3]
5
6     fin = mon_prenom[3:6]
7
8     print(debut)
9
10    print(fin)
11
```

Regardez à la ligne 4 de la capture précédente, je crée une variable qui récupère une partie de ma variable mon_prenom allant de l'indice 0 (la première lettre) à l'indice 3 exclu (attention c'est très important, quand vous renseignez une sous chaine, l'indice de fin est exclu). Vous récupérerez donc ici une sous chaine comprenant les caractères 0, 1 et 2.

Puis à la ligne 6, je fais la même chose mais cette fois-ci en récupérant les caractères allant de l'indice 3 à 6 (exclu).

Regardez :

```
Jul
ien
```

Bien sur nous irons plus loin dans le domaine des collections mais nous devrons attendre le chapitre suivant d'étudier les Listes et les Tuples pour cela. En attendant je vais vous montrer quelques fonctions que l'on peut utiliser sur les chaines de caractères. Même si nous n'avons pas encore vu les fonctions, je ne vous montrerai que le strict minimum.

3.3 Fonctions sur les chaînes de caractères

Les fonctions seront étudiées plus tard au cours de ce livre mais je vais ici vous montrer des fonctions que vous pouvez utiliser avec les chaines de caractères. Tout d'abord, c'est quoi une fonction ?

Une fonction, pour rendre l'explication extrêmement simple, c'est un morceau de code qui exécute une action spécifique auquel on donne un nom pour pouvoir le réutiliser sans retaper le code en question. Bon ok, ça n'est pas clair, je recommence en schématisant un peu plus.

Imaginez que vous avez créé un code de 500 lignes qui vous permet d'afficher une fenêtre à l'écran. Vous ne croyez quand même pas qu'il faille retaper les 500 lignes de code à chaque fois que vous voulez que votre programme affiche la fenêtre ?

En programmation il suffit de donner un nom à ce code (le nom de la fonction) et lui dire de quels paramètres la fonction a besoin pour fonctionner.

D'accord, c'est légèrement plus clair mais comment fait-on fonctionner la fonction ? Il suffit de taper son nom, d'ajouter des parenthèses juste après et de mettre entre les parenthèses les paramètres (arguments) dont elle a besoin pour fonctionner. Ça ne vous rappelle rien ?

Regardez :

print(mon_prenom)

Print est une fonction et elle prend comme argument, le texte que vous voulez qu'elle affiche à l'écran. Laissez-moi vous montrer les fonctions que l'on peut utiliser avec les chaines de caractères :

len : elle prend en argument une chaine de caractères et renvoie la taille de la chaine de caractères (c'est le terme exact en programmation, une fonction renvoie une valeur).

type : elle prend en argument une variable (mais pas que) et vous renvoie de quel type elle est (int, float, str).

str : elle prend une valeur en argument (ou une variable contenant une valeur, et la renvoie sous forme de chaine de caractères : par exemple str(10) qui est un nombre renverra "10" sous forme de texte).

Regardez mes exemples :

```
1
2    mon_prenom = "Julien"
3
4    mon_nom = "Faujanet"
5
6    print("Le type de la variable de mon prenom est :", type(mon_prenom))
7
8    print("Le type du nombre 20 est : ", type(20))
9
10   print("Le nombre de caractere dans mon prenom est de :", len(mon_prenom))
11
12   mon_age = 34
13
```

Vous remarquerez que sur ma capture précédente que l'on peut afficher du texte et des valeurs en même temps dans un print en les séparant par une virgule. Mon premier exemple commence à la ligne 6 ou j'utilise la fonction type en lui donnant en argument ma variable mon_prenom : la fonction va donc me renvoyer son type, c'est à dire 'str' pour string (chaine de caractères).

Ligne 8 c'est la même chose sauf que je lui demande de me renvoyer le type du nombre 20 : la fonction type va donc me renvoyer 'int' pour integer (nombre entier en Français).

Puis ligne 10, je demande à la fonction len de me renvoyer la taille de la variable mon_prenom (son nombre de caractères).

Résultats à la capture suivante :

```
Le type de la variable de mon prenom est : <class 'str'>
Le type du nombre 20 est :  <class 'int'>
Le nombre de caractere dans mon prenom est de : 6
```

Voilà, nous aurons l'occasion de manipuler les chaines de caractères tout au long de ce livre. N'hésitez pas à relire le chapitre et surtout à vous entrainer pour assimiler les concepts que l'on a appris ici.

4. Les Listes et les Tuples

4.1 Les listes

Comprendre ce que sont les listes, savoir s'en servir.

4.2 Opérations avec les listes

Apprendre quelques opérations sur les listes, comme la concaténation de listes et voir les méthodes.

4.3 Les tuples

Étudier les tuples.

4.4 Plus loin avec les listes et les tuples

Voir les ranges et savoir s'en servir.

Dans ce chapitre nous allons étudier les listes et les tuples. Les listes sont partout dans la vie de tous les jours, il était donc normal de les intégrer dans les langages de programmation et vous verrez que nous pourrons réaliser des opérations avec. Les tuples pour résumer sont en fait des listes qui sont immutables.

4.1 Les listes

Laissez-moi dans un premier temps vous expliquer le concept des listes de manière très basique. Les listes sont des regroupements de données que l'on stoque dans une variable.

Bon d'accord là, c'était peut être un peu trop basique. Une liste ne regroupe pas forcément des données d'un même type. Quand je dis type ici, je veux bien sur dire type dans le sens : "type de variable".

Mais commençons doucement. Je vous montre sur la capture suivante une manière de créer une liste et je l'affiche ensuite dans un print :

```
2    ma_liste = [ "Un", "Deux", "Trois", "Quatre", "Cinq" ]
3
4    print(ma_liste)
```

Voilà, j'ai créé dans l'exemple précédent une liste de cinq valeurs de type chaine de caractères à savoir : Un, Deux, Trois, Quatre, et Cinq. Regardons maintenant comment j'ai fait pour créer cette liste.

Pour créer une liste, il suffit de mettre les données (les éléments) de la liste entre crochets et de les séparer chacun par une virgule. Bien entendu nous devons stoquer la liste dans une variable (que je nomme ici : ma_liste).

Regardons ce que ça donne quand on l'affiche dans le print :

```
['Un', 'Deux', 'Trois', 'Quatre', 'Cinq']
```

Voilà, ce n'est pas plus compliqué que ça.
Regardons dans l'exemple suivant, un autre type de liste :

```
6    ma_liste2 = [ 1, 2, 3, 4, 5 ]
7
8    print(ma_liste2)
```

Même principe sauf que cette fois la liste contient des nombres entiers (je nomme cette liste : ma_liste2). Regardez le résultat :

```
[1, 2, 3, 4, 5]
```

Essayons de rendre les choses un peu plus intéressantes, parce que sinon l'intérêt n'en sera que limité :

```
 9
10   ma_liste3 = [ "Un", 6, "Douze", True, 5, False ]
11
12   print(ma_liste3)
13
```

Dans la liste de l'exemple précédent, les éléments qu'elle contient sont de types divers. Il y a d'abord une chaine de caractères pour le premier élément ("Un") puis un nombre entier (6), une autre chaine de caractères ("Douze"), puis plus curieusement un Booléen (True), encore un nombre entier et pour finir un autre Booléen (False). Affichons-la dans un print et regardons :

```
['Un', 6, 'Douze', True, 5, False]
```

Bon d'accord, j'ai peut-être exagéré quand j'ai dit que ça allait être intéressant mais laissez-moi le temps de faire monter la difficulté petit à petit. On continue avec un autre type d'exemple :

```
14   mon_prenom = "Julien"
15
16   ma_liste4 = [ 15, 50, "Dix", mon_prenom ]
17
```

Cette fois-ci j'ai carrément inséré une variable dans ma liste, mais la variable et de type chaine de caractères alors c'est un peu comme si j'avais mis la chaine de caractères directement.

Regardez :

```
[15, 50, 'Dix', 'Julien']
```

Allez, attention je vous préviens pour le suivant il va falloir suivre car le niveau de difficulté monte d'un cran :

```
21    ma_liste5 = ['Orange', 50, ["Un", "Lundi", "Juillet"], 12, 100 ]
22
23    print(ma_liste5)
```

Comme vous pouvez le constater sur l'exemple précédent, nous avons la possibilité d'insérer des listes dans des listes. Et comme une liste peut contenir des listes vous vous doutez bien qu'une liste peut contenir une liste qui elle-même contient une liste qui elle-même... Bon bref, vous voyez le truc.

Regardez le résultat :

```
['Orange', 50, ['Un', 'Lundi', 'Juillet'], 12, 100]
```

Très bien mais au lieu de nous montrer des choses compliqués tu ne pourrais pas nous montrer comment on accède aux éléments d'une liste ?

Vous le savez déjà. Les listes sont des collections. C'est le même principe que les chaines de caractères. Sur les chaines de caractères

71

vous accédez à un caractère avec un indice que vous placez entre crochets et bien avec les listes c'est la même chose.

Si vous avez bien retenu, vous vous souviendrez qu'en programmation on compte à partir de zéro qui sera l'indice de l'élément 'Orange' dans la liste précédente l'élément 1 contient le nombre entier 50 mais pouvez-vous me dire ce que contient l'élément 2 ?

La chaine de caractère 'Un' ?

Faux ! L'élément 2 de cette liste contient la liste entière qui est un élément à elle seule.

Regardez :

```
27        print(ma_liste5[2])
```

Voici le résultat :

```
['Un', 'Lundi', 'Juillet']
```

Et donc l'élément 3 de cette liste (la principale) contiendra 12 et l'élément 4 contiendra 100. Mais la question qui vous brûle les lèvres c'est : Comment accède-t-on aux éléments de la sous-liste ?

Vous vous souvenez comment on accède à cette sous-liste pas vrai ? Il suffit de faire :

```
27        print(ma_liste5[2])
```

Et vous savez aussi comment faire pour accéder à un élément d'une liste (vous venez de le faire), il suffit de renseigner son indice. Et bien ici vous renseignez un indice sur un indice. Si vous voulez l'élément 1 de la sous-liste il faudra faire :

```
32        print(ma_liste5[2][1])
```

Et vous aurez :

```
Lundi
```

On continue avec un exemple encore plus poussé :

```
Employes = [ ["Julien", 34, "Programmeur"], ["Tom", 32, "Fonctionnaire"], ["Lily", 23, "Etudiante"] ]
```

N'étant pas certain de la lisibilité de la précédente capture pour vous, j'en profite pour vous montrer une autre manière d'écrire une liste sur la capture suivante :

```
27    Employes = [
28                ["Julien", 34, "Programmeur"],
29                ["Tom", 32, "Fonctionnaire"],
30                ["Lily", 23, "Etudiante"]
31            ]
32
33    print(Employes)
```

73

J'ai créé dans cet exemple, une liste qui contient 3 sous-listes et chacune d'entre elle contient 3 éléments :

un prénom (chaine de caractères) un âge (nombre entier) et un poste (chaine de caractères).

Regardez le résultat quand on l'affiche :

```
[['Julien', 34, 'Programmeur'], ['Tom', 32, 'Fonctionnaire'], ['Lily', 23, 'Etudiante']]
```

Maintenant, regardez comment on affiche un des éléments de la liste (c'est à dire une sous-liste) même si vous le savez déjà :

```
35      print(Employes[0])
```

Résultat :

```
['Julien', 34, 'Programmeur']
```

Puis regardez comment afficher un des éléments de ces sous-listes (ça aussi vous le savez déjà) :

```
37      print(Employes[0][2])
```

Résultat :

```
[ ....... , .
Programmeur
```

Voilà, nous allons pouvoir passer aux opérations sur les listes et vous allez voir que l'on peu en faire des choses sympas avec elles.

4.2 Opérations avec les listes

Voyons maintenant quelques opérations sur les listes. Je commence par vous montrer une autre façon de créer une liste. Plus précisément une liste vide :

```
3    ma_liste = []
4
5    print(ma_liste)
```

Regardez le résultat :

```
[]
```

Passons à la méthode append.

Là vous allez certainement penser que l'intérêt est plus que limité. Mais regardez ensuite ce que l'on peut faire pour y ajouter des éléments :

```
3    ma_liste = []
4
5    ma_liste.append(100)
6
7    print(ma_liste)
o
```

Avant de vous détailler cet exemple je vais devoir brièvement vous expliquer ce qu'est une méthode (brièvement seulement parce que ça fait partie du domaine de la programmation orientée objet que nous verrons plus tard).

Une méthode est une sorte de fonction (Nous n'avons pas encore vue les fonctions). Je vous ai rapidement expliqué ce que sont les fonctions. Donc disons pour faire simple qu'une méthode est une fonction qui s'exécute directement sur un objet.

Je ne peux pas rentrer dans les détails sur ce qu'est un objet pour le moment mais, vous n'avez qu'à garder à l'esprit pour le moment qu'une liste est un objet. Donc ici nos méthodes sont des fonctions qui agissent directement sur nos listes.

Comment distingue-t-on une méthode d'une fonction ?

C'est simple, une fonction s'utilise seule et une méthode s'utilise de la manière suivante :

"Votre objet" + "un point" + "le nom de la méthode" + les parenthèses.

Si vous êtes largués ne vous inquiétez pas nous aurons l'occasion d'y revenir et de toute façons nous allons voir des exemples en rapport avec les listes.

La méthode append permet d'ajouter un élément à la suite de votre liste.

Regardez :

```
[100]
```

Comme vous pouvez le constatez il suffit pour cela de renseigner l'élément à ajouter entre les parenthèses et c'est tout.

Regardez ce que l'on peut faire avec la méthode append :

```
3     ma_liste = []
4
5     ma_liste.append(100)
6
7     ma_liste.append(10)
8
9     ma_liste.append("Julien")
10
11    ma_liste.append([50, 150, "Bleu", 12.5])
12
13
14    print(ma_liste)
15
```

Je l'utilise ici pour ajouter plusieurs éléments à la volée et même une liste à la ligne 11 (qui deviendra une sous-liste de la liste initiale) puis je l'affiche.

Regardez :

```
[100, 10, 'Julien', [50, 150, 'Bleu', 12.5]]
```

Vous connaissez maintenant une façon d'insérer des éléments dans vos listes après leurs créations. Continuons avec un autre exemple. Cette fois-ci je vous montre une façon (il y en a d'autres) de supprimer un élément d'une liste.

Regardez :

```
3      ma_liste = []
4
5      ma_liste.append(100)
6
7      ma_liste.append(10)
8
9      ma_liste.append("Julien")
10
11     ma_liste.append([50, 150, "Bleu", 12.5])
12
13     del ma_liste[-1]
14
15     print(ma_liste)
16
```

J'utilise à la ligne 13, la méthode magique : del qui permet de supprimer un objet (notre liste est un objet). Ici je lui demande de supprimer l'élément à l'indice -1. (Nous avons déjà vu l'indice -1 au chapitre sur les chaines de caractères). Vous verrez sur la capture suivante que l'élément a bien été supprimé.

Regardez :

```
[100, 10, 'Julien']
```

Voilà.

Nous n'avons pas encore vu les méthodes magiques (ça viendra plus loin) mais pour le moment contentez-vous d'exécuter le code même si vous ne comprenez pas comment ces méthodes fonctionnent.

Voyons à présent un exemple pour supprimer un élément de notre sous-liste. Je suis sur que vous aurez compris comment cela fonctionne :

```
3    ma_liste = []
4
5    ma_liste.append(100)
6
7    ma_liste.append(10)
8
9    ma_liste.append("Julien")
10
11   ma_liste.append([50, 150, "Bleu", 12.5])
12
13   del ma_liste[-1][-1]
14
15   print(ma_liste)
```

De la même manière. Nous avons déjà vu comment accéder à un élément d'une sous liste.

Regardez le résultat :

```
[100, 10, 'Julien', [50, 150, 'Bleu']]
```

Vous pouvez si vous le souhaitez, supprimer un élément directement en renseignant sa valeur, mais pour cela il faut utiliser la méthode remove et renseigner la valeur de l'élément entre parenthèses :

```
3     ma_liste = []
4
5     ma_liste.append(100)
6
7     ma_liste.append(10)
8
9     ma_liste.append("Julien")
10
11    ma_liste.append([50, 150, "Bleu", 12.5])
12
13    ma_liste.remove(10)
14
15    print(ma_liste)
16
```

Sur la capture précédente, je demande à supprimer l'élément 10, qui dans notre exemple est le deuxième élément.

Regardez :

```
[100, 'Julien', [50, 150, 'Bleu', 12.5]]
```

Voilà.

Regardez maintenant une méthode pour inverser une liste :

```
3    ma_liste = [1, 2, 3, 4, 5]
4
5    ma_liste.reverse()
6
7    print(ma_liste)
```

Vous avez deviné le résultat ?

```
[5, 4, 3, 2, 1]
```

Sans surprise, avec la méthode reverse, la liste est inversée. Et enfin, la fonction len que vous connaissez déjà et qui renvoie le nombre de valeur dans la collection (ici, notre liste) :

```
3    ma_liste = [1, 2, 3, 4, 5]
4
5
6
7    print(len(ma_liste))
8
```

Ce qui nous donne :

5

4.3 Les tuples

Les tuples sont des séquences d'éléments qui fonctionnent comme des listes sauf qu'ils ne sont pas modifiables. Je vous montre donc la façon de les créer, mais pour le reste se sera semblable (mis à part que vous ne pourrez pas les modifier).

Pour créer un tuple les noms doivent respecter les normes des variables (vu que c'est considèré comme tel) :

```
64    mon_tuple = ('A', 'B', 'C')
65
66    print(mon_tuple)
67
```

Résultat :

('A', 'B', 'C')

Vous pouvez par contre retirer les parenthèses à un tuple, elles ne sont pas obligatoires :

```
64      mon_tuple = 'A', 'B', 'C'
65
66      print(mon_tuple)
```

Le résultat sera le même. Vous pouvez même mettre des Tuples dans des listes.

Regardez :

```
62   couleurs = [["Rouge", (255,0,0)],["Vert", (0,255,0)],["Bleu", (0,0,255)] ]
63
64   print(couleurs)
```

Je vais arranger le code pour que la capture soit plus lisible :

```
62      couleurs = [
63          ["Rouge", (255,0,0)],
64          ["Vert", (0,255,0)],
65          ["Bleu", (0,0,255)]
66                  ]
67
68      print(couleurs)
```

Vous noterez qu'ici les parenthèses pour les Tuples sont obligatoires sinon le code pourrait confondre avec de simples éléments de la liste. J'ai créé une liste qui répertorie 3 couleurs avec leurs valeurs sous forme de Tuple. La liste contient donc, 3 sous-listes qui chacune contient :

une chaine de caractères pour le nom de la couleur et un Tuple pour sa valeur.

Résultat :

```
[['Rouge', (255, 0, 0)], ['Vert', (0, 255, 0)], ['Bleu', (0, 0, 255)]]
```

Allons un peu plus loin avec les listes et les Tuples.

4.4 Plus loin avec les listes et les tuples

Je vais vous montrer quelques fonction (et méthodes) que vous pouvez utiliser sur les listes et les Tuples. Je commence par les fonctions list et tuple qui permettent de convertir des valeurs en liste et en Tuple.

```
72    ma_list = [1, 2, 3, 4, 5]
73
74    print(type(ma_list))
75
76    print(ma_list)
77
78    print(tuple(ma_list))
79
80    ma_list_en_tuple = tuple(ma_list)
81
82    print(ma_list_en_tuple)
83
84    print(type(ma_list_en_tuple))
```

Je crée une simple liste à la ligne 72, je demande à afficher son type à la ligne 74. J'affiche la liste (ligne 76). Ligne 78, j'affiche la convertion de la liste en Tuple avec la fonction tuple dans le print.

Mais elle ne sera pas conservée en Tuple puisque je me suis contenté de l'afficher dans le print. C'est pourquoi je vous montre à la ligne 80 la conversion de ma liste en Tuple que je stoque dans une variable et que j'affiche à la ligne 82. Puis, ligne 84 j'affiche le type de mon Tuple. Regardez :

```
<class 'list'>
[1, 2, 3, 4, 5]
(1, 2, 3, 4, 5)
(1, 2, 3, 4, 5)
<class 'tuple'>
```

La première ligne du résultat correspond à la ligne 74 de mon code, la deuxième ligne du résultat à la ligne 76 du code. Le Tuple de la troisième ligne du résultat est à la ligne 78 du code, puis l'avant dernière ligne du résultat est la ligne 82 du code et enfin la dernière ligne du résultat est la ligne 84 du code.

Dans l'exemple suivant, je fais le même type de conversion mais cette fois-ci en liste avec la fonction list :

```
88
89      mon_tuple_en_liste = list(ma_list_en_tuple)
90
91      print(mon_tuple_en_liste)
92
93      print(type(mon_tuple_en_liste))
94
```

Regardez :

```
[1, 2, 3, 4, 5]
<class 'list'>
```

Rien de compliqué, pas besoin de détailler, c'est le même principe. Passons maintenant à la méthode count qui s'utilise sur une liste ou un Tuple et qui prend en argument (entre les parenthèses) une des valeurs de la liste (ou du Tuple) et qui renvoie le nombre de fois que cette valeur existe dans la liste :

```
97    list2 = [10, 50, 100, 10, 10, 50, 100,]
98
99    print("Combien de 10 : ",list2.count(10))
100
```

Je crée une liste de valeurs et à la ligne 99 j'utilise la méthode count sur ma liste pour demander combien de fois la valeur 10 apparaît dans la liste. Voici le résultat sur la capture suivante :

```
Combien de 10 :   3
```

Un autre exemple mais avec la valeur 50 cette fois-ci :

```
97     list2 = [10, 50, 100, 10, 10, 50, 100,]
98
99     print("Combien de 50 : ",list2.count(50))
100
```

Résultat :

Combien de 50 :   2

Il faut comprendre (même si ça n'est pas évident vu que nous n'avons pas encore abordé ces notions) que le résultat que renvoient les fonctions et méthodes peuvent être stoqués dans des variables. Je recommence en stoquant cette fois-ci le résultat dans une variable :

```
97     list2 = [10, 50, 100, 10, 10, 50, 100,]
98     nombre_de_50 = list2.count(50)
99     print("Combien de 50 : ",nombre_de_50)
```

C'est la même chose sauf que le résultat reste dans une variable et que vous n'avez plus à relancer la méthode pour récupérer la valeur. Passons maintenant à la méthode index.

La méthode index s'utilise aussi sur les listes et les Tuples et elle renvoi l'index (l'indice) de la valeur que vous lui donnez en argument (si cette valeur est dans la liste bien sur).

Regardez :

```
101
102    Mots = ["Maison", "Voiture", "Ordinateur",
103            "Livre", "Chambre", "Volant", "Clavier",
104            "Cuisine", "Roue", "Usb"]
105
106    print("L'index de Livre est : ", Mots.index("Livre"))
107
```

Je crée une liste de mots que je nomme 'Mots' et à la ligne 106, j'utilise la méthode index sur ma liste en lui donnant le mot Livre en argument. La méthode me renverra l'index du mot livre dans ma liste.

Regardez :

```
L'index de Livre est :   3
```

La méthode me renvoie 3. En effet, le mot Livre est le quatrième élément de ma liste (N'oubliez pas qu'en programmation, on compte à partir de 0). Maison est l'index 0, Voiture est l'index 1, Ordinateur est l'index 2 et Livre est donc l'index 3. Mais regardez l'exemple suivant :

```
102    Mots = ["Maison", "Voiture", "Ordinateur",
103            "Livre", "Chambre", "Livre", "Clavier",
104            "Cuisine", "Roue", "Livre"]
105
106    print("L'index de Livre est : ", Mots.index("Livre"))
107
```

J'ai placé le mot Livre plusieurs fois dans ma liste et je relance le code.
Regardez :

```
L'index de Livre est :  3
```

La méthode me dit que l'index de Livre est toujours 3. C'est simple, cette
méthode ne renvoie pas tous les index d'une valeur, mais seulement le
premier.

On enchaine avec la méthode split qui s'utilise sur les chaines de
caractères et qui permet de séparer la chaine pour stoquer les éléments
dans une liste.

Regardez plutôt l'exemple :

```
110     phrase = "Ceci est une phrase"
111
112     liste_de_mots = phrase.split()
113
114     print(liste_de_mots)
115
116     print(type(liste_de_mots))
```

Ligne 110, je crée une simple chaine de caractères. Avec des espaces.
Puis ligne 112, j'utilise la méthode split sur ma chaine de caractères et je
stoque ce qu'elle renvoie dans une variable. Ligne 114 je demande à
l'afficher et ligne 116 j'affiche son type.

Regardez :

```
['Ceci', 'est', 'une', 'phrase']
<class 'list'>
```

La méthode split m'a séparée ma phrase : mot par mot et me la stoquée dans une liste. La preuve, le type affiché juste après est list. Mais vous vous demandez sans doute : s'il n'y avait pas eu d'espaces comment ça se serait passé ?

C'est simple, par défaut la méthode split sépare les valeurs en fonction des espaces mais si vous le souhaitez vous pouvez préciser avec quel caractère il faut séparer.

Regardez :

```
110     Couleurs = "Rouge,Vert,Bleu,Jaune,Noir"
111
112     liste_de_mots = Couleurs.split(",")
113
114     print(liste_de_mots)
115
116     print(type(liste_de_mots))
```

Je crée une chaine de caractère nommé Couleurs qui ne possède aucun espace. Je réutilise la méthode split mais je lui donne en argument (entre parenthèses) le caractère espace (n'oubliez jamais de mettre tout type de texte entre guillemets, simple ou double). J'affiche la liste ligne 114 et le type ligne 116.

Regardez :

```
['Rouge', 'Vert', 'Bleu', 'Jaune', 'Noir']
<class 'list'>
```

Et voilà. Ça a marché. Je les ai séparé par des virgules en le précisant à la méthode split.

Voyons maintenant la méthode join qui est son inverse. Elle va joindre les éléments d'une liste par un caractère que vous lui renseignerez :

```
120     Couleurs = ",".join(liste_de_mots)
121
122     print(Couleurs)
```

La méthode join s'utilise différemment puisque vous devez d'abord renseigner le caractère par lequel vous allez lier les éléments, suivi d'un point pour appeler la méthode join, puisque c'est sur le caractère que s'utilise la méthode, qui prend ensuite la liste en argument.

Regardez :

```
Rouge,Vert,Bleu,Jaune,Noir
```

Il s'agit maintenant d'une chaine de caractères. Je recommence avec un caractère Slash pour lier les éléments :

```
120        Couleurs = "/".join(liste_de_mots)
121
122        print(Couleurs)
```

Résultat :

```
Rouge/Vert/Bleu/Jaune/Noir
```

Passons maintenant aux index des listes et des Tuples.

Nous avons déjà vu les index avec les chaines de caractères. Cette fois nous l'abordons avec les listes. Je crée une liste de 7 valeurs (chaines de caractères) qui représentent les jours de la semaine pour cet exemple.

```
126    liste3 = ["Lundi", "Mardi", "Mercredi",
127               "Jeudi", "Vendredi", "Samedi", 'Dimanche']
128
129
130    print(liste3[0:3])
```

Détailler ici n'est pas nécessaire si vous avez suivi le chapitre sur les chaines de caractères. Tout ce passe à la ligne 130. Je demande à afficher les éléments de 0 à 3 (le 3 est exclu).

Regardez :

```
['Lundi', 'Mardi', 'Mercredi']
```

Lundi, Mardi, Mercredi. Ça fonctionne. On continue. Vous avez compris que pour sélectionner une plage d'éléments il fallait mettre l'élément de début en premier puis mettre deux points pour séparer et enfin, renseigner le dernier élément de la plage. Mais sachez que l'on peut faire comme sur l'exemple suivant aussi :

```python
print(liste3[:2])
```

Quand on ne renseigne aucun élément de début (et que l'on met les deux points) ça signifie : commence au premier. D'ailleurs si vous aviez mit le premier élément, puis les deux points puis rien ensuite, ça aurait voulu dire, va jusqu'à la fin. Mais dans l'exemple suivant je demande du début jusqu'au numéro 2 (exclu).

Regardez :

```python
['Lundi', 'Mardi']
```

Nous avons donc : Lundi, Mardi. Soit le 0 et le 1. Bon maintenant un poil plus compliqué. Nous allons renseigner une troisième valeur dans la plage. Cette troisième valeur correspond à l'intervalle, c'est à dire : tous les combiens il va falloir récupérer la valeur.

Regardez :

```python
print(liste3[0:-1:2])
```

La première valeur est toujours l'index de début (ici 0) la deuxième est toujours l'index de fin (ici -1, donc le dernier) et le troisième index signifie l'intervalle (ici 2, donc une valeur sur 2).

Regardez :

```
['Lundi', 'Mercredi', 'Vendredi']
```

Donc [0:-1:2], veut dire : je veux une valeur sur deux de la première à la dernière (exclue). Passons maintenant à la fonction range.

La fonction range permet de créer une plage de valeurs d'entiers. Mais pour le moment, les seuls exemples que nous pouvons étudier ici, nous forcent à convertir le range en une liste si nous voulons l'utiliser.

Ce n'est pas un problème puisque nous avons vu plus haut comment convertir une séquence de valeurs en liste avec la fonction list.

Commençons par créer pour cet exemple une plage de 10 valeurs avec la fonction range.

Regardez :

```
142    liste4 = list(range(10))
143    print(liste4)
```

94

Pour cela il suffit de mettre le nombre 10 entre les parenthèses de la fonction range. Nous envoyons le tout dans la fonction list est nous stoquons le résultat dans la variable liste4 que nous affichons ensuite.

Regardez le résultat :

[0, 1, 2, 3, 4, 5, 6, 7, 8, 9]

Quand vous renseignez une simple valeur à la fonction range, elle va vous créer une plage de valeurs de nombres entiers en partant de 0 jusqu'à la valeur que vous avez renseigné exclue. C'est à dire, jusqu'à votre valeur -1. Mais comme les plages sur les listes, vous pouvez renseigner une valeur de début.

Regardez :

```
142    liste4 = list(range(2, 15))
143    print(liste4)
144
```

Je demande ici à créer une plage de valeurs allant de 2 à 15 (exclu).

Résultat :

[2, 3, 4, 5, 6, 7, 8, 9, 10, 11, 12, 13, 14]

Voilà, j'ai une liste allant de 2 à 14. Toujours comme les plages sur les listes, nous pouvons définir l'intervalle si nous le souhaitons.

Regardez :

```
142    liste4 = list(range(10, 50,5))
143    print(liste4)
```

Je crée ici une plage de valeurs de 10 à 50, qui va de 5 en 5.

Résultat :

```
[10, 15, 20, 25, 30, 35, 40, 45]
```

Attention : Gardez à l'esprit que dans les fonctions les valeurs sont séparées par des virgules et pas par les deux points.

Prenons un exemple un peu plus compliqué qui par d'une valeur positive (30) pour aller jusqu'à une valeur négative (-50) et qui va de 10 en 10.

Regardez :

```
142    liste4 = list(range(30, -50,-10))
143    print(liste4)
```

N'oubliez pas le signe – (moins) devant le 10.

Regardez :

```
[30, 20, 10, 0, -10, -20, -30, -40]
```

Voilà. Plutôt sympa non ?

Dans le prochain chapitre nous allons parler des Dictionnaires.

5. Les dictionnaires

5.1 Les dictionnaires

Expliquer ce que sont les dictionnaires. Voir leurs fonctionnements.

5.2 Plus loin avec les dictionnaires

Approfondir l'apprentissage des dictionnaires.

Dans ce chapitre nous allons étudier les dictionnaires qui sont des sortes de listes qui sont répertoriés sous la forme : clé/valeur. Il faudra donc récupérer une valeur en lui renseignant sa clé. A la fin de ce chapitre vous saurez créer vos propres dictionnaires.

5.1 Les dictionnaires

Les dictionnaires à l'inverse des chaines de caractères, des listes et des tuples, ne sont pas des séquences. Les éléments ne se suivent pas mais nous pourrions y accéder grâce à un index diffèrent des séquences puisqu'ici il s'appellera : clé.

 Clé qui pourra être alphabétique, numérique ou d'un autre type. Dans un dictionnaire on peut y stocker tous les types disponibles en Python : valeurs numérique, string, liste, tuple, dictionnaires et même des fonctions.

Voyons maintenant comment créer un dictionnaire. Pour cela je vous propose de prendre l'exemple d'un dictionnaire qui répertorie des grades militaires avec les noms des personnes comme clés et les grades comme valeurs :

```
146   mon_dictio = {'Thomas':'Sergent-Chef', 'Eric':'Sergent',
147                  'Arthur':'Caporal', 'Emma':'Capitaine',
148                  'Emilie':'Lieutenant'}
149
150   print(mon_dictio)
151
```

Sachez d'abord qu'il y a deux façons de créer un Dictionnaire en Python (Je préfère l'autre) mais je commence par celle-là. Pour créer un Dictionnaire, il faut utiliser les accolades et non pas les crochets comme pour les listes. Chaque élément sera accessible non pas par un index mais par une clé.

Dans mon exemple les clés sont de type :

chaine de caractères mais vous pouvez utiliser autre chose. Je note donc dans mon exemple, une chaine de caractère (qui ici correspond à un prénom) ensuite j'ajoute deux points et après je rentre la valeur qui correspondra à la clé qui la précède (valeur qui ici est aussi une chaine de caractères).

Ensuite je mets une virgule et je peux renseigner une autre paire de clé/valeur. Quand j'ai fini, je referme l'accolade. Je stoque le tout dans une variable que je nomme mon_dictio.

Regardez ce que ça donne :

```
{'Thomas': 'Sergent-Chef', 'Eric': 'Sergent', 'Arthur': 'Caporal', 'Emma': 'Capitaine', 'Emilie': 'Lieutenant'}
```

Désolé, la capture n'est pas très visible mais si vous faîtes le test chez vous (ce que je vous conseille car c'est un très bon entraînement) vous verrez le résultat.

Passons à la deuxième façon de créer un Dictionnaire en Python, qui pour moi est plus claire.

Regardez l'exemple, je vous le détaille ensuite :

```
148    mon_dictio = {}
149    mon_dictio['Thomas'] = 'Sergent-Chef'
150    mon_dictio['Eric'] = 'Sergent'
151    mon_dictio['Arthur'] = 'Caporal'
152    mon_dictio['Emma'] = 'Capitaine'
153    mon_dictio['Emilie'] = 'Lieutenant'
```

C'est le même principe que de créer une liste vide. Je crée mon nom de variable et je lui assigne une paire d'accolades vides. Ensuite je crée chaque élément un à un. Pour cela il me suffit d'écrire le nom de la variable qui correspond à mon Dictionnaire et de rentrer la clé entre crochets puis de lui assigner une valeur (avec le signe égal).

Je fais ça pour tous mes éléments (Le résultat est le même).

Voyons maintenant comment accéder à un élément de mon Dictionnaire. C'est facile c'est le même principe que pour les listes, sauf qu'au lieu de renseigner un index on devra renseigner une clé.

Regardez :

```
156    print(mon_dictio['Emma'])
```

Je demande d'afficher la valeur qui correspond à la clé Emma (que j'affiche grâce au print) et j'obtiens :

```
Capitaine
```

Regardons maintenant comment supprimer un élément du Dictionnaire. Une fois de plus, c'est comme les listes, il suffit d'utiliser le mot-clé del, juste devant.

Regardez :

```
155     del mon_dictio['Arthur']
156     del mon_dictio['Emilie']
157
```

Je supprime deux valeurs du Dictionnaire. Les valeurs qui correspondent aux clés Arthur et Emilie. Affichons à nouveau le Dictionnaire pour confirmer :

```
{'Thomas': 'Sergent-Chef', 'Eric': 'Sergent', 'Emma': 'Capitaine'}
```

Je vous avais dit que nous pouvons mettre autre chose que des chaines de caractères comme clé. C'est que nous allons voir tout de suite avec l'exemple suivant. Je vais prendre l'exemple très parlant de la bataille navale qui nécessite pour retrouver des bateaux (les valeurs) d'avoir des coordonnées (les clés).

Les clés doivent avoir une position horizontale et une verticale (oui dans le jargon maritime on dirait plutôt : latitude et longitude). Donc pour ces positions horizontales et verticales, quoi de mieux que des Tuples ?

Je crée donc pour les clés, des Tuples qui contiendront deux éléments chacun. Le premier sera une lettre et le deuxième sera un entier. Puis pour les valeurs du Dictionnaire ce sera des chaines de caractères qui seront les noms des bateaux.

Regardez :

```
176     grille = {}
177
178     grille[('A',1)] = 'Barque'
179     grille[('A',2)] = 'Barque'
180
181     grille[('C',1)] = 'Porte-Avions'
182     grille[('C',2)] = 'Porte-Avions'
183     grille[('C',3)] = 'Porte-Avions'
184     grille[('C',4)] = 'Porte-Avions'
185     grille[('C',5)] = 'Porte-Avions'
186
```

Regardez un début d'idée sur comment exploiter l'utilisation des Dictionnaires :

```
essai_joueur1 = grille[('A', 1)]

print("Joueur 1 tape dans : ", essai_joueur1)
```

Pour récupérer une valeur je dois rentrer le nom du Dictionnaire avec une clé entre crochets (ici la clé est un Tuple). Je stoque cette clé dans une variable pour que cela soit plus lisible à l'écran.

Et quand je l'affiche :

```
Joueur 1 tape dans :   Barque
```

Voyons comment changer la valeur d'un élément de notre Dictionnaire. Prenons par exemple notre super bataille navale et changeons la valeur 'Barque' (disons celle en A,1), mettons lui : 'Barque Touchée'.

Regardez :

```
194    essai_joueur1 = grille[('A', 1)]
195
196    print("Joueur 1 tape dans : ", essai_joueur1)
197
198    grille[('A', 1)] = 'Barque Touchée'
199
200    print(grille[('A',1)])
```

Le changement se fait à la ligne 198 en changeant la valeur de Barque en Barque Touchée comme je vous ai expliqué. Puis, ligne 200, je l'affiche dans un print.

Résultat :

```
Joueur 1 tape dans :   Barque
Barque Touchée
```

Très bien, maintenant que nous avons les bases dans la manipulation des Dictionnaires, nous pouvons aller plus loin.

5.2 Plus loin avec les dictionnaires

Commençons par voir quelques méthodes que nous pouvons utiliser sur les Dictionnaires. Une des plus utiles est la méthode keys qui nous renvoie toutes les clés de notre Dictionnaire.

Regardez :

```
cle_dict = mon_dictio.keys()

print(cle_dict)
```

Je stoque ici le résultat dans une variable que je nomme cle_dict mais j'aurais pu l'afficher directement dans le print.

Regardez le résultat :

```
dict_keys(['Thomas', 'Eric', 'Emma'])
```

Ce résultat est très bizarre. D'où sort ce : dict_keys ? Faisons un type dans le print pour connaître le type de cette variable qui contient les clés :

```
print(type(cle_dict))
```

Regardez :

```
<class 'dict_keys'>
```

Le type que nous renvoie la méthode keys est : dict_keys, ou plus exactement : un objet de la classe dict_keys. Pour le moment nous ne sommes pas plus avancés car nous verrons les classe plus loin dans ce livre.

Mais c'est un bon automatisme à avoir de faire un type quand on ne connaît pas la nature d'une valeur.

Dans notre cas, le mieux avec notre niveau actuel est de convertir cet objet dict_key en liste puisque vous connaissez le moyen de le faire. (Grâce à la fonction list).

Regardez :

```
cle_dict = list(mon_dictio.keys())

print(cle_dict)
```

Affichons à nouveau notre résultat :

```
['Thomas', 'Eric', 'Emma']
```

Voilà, cette fois nous y sommes. La méthode keys nous renvoie bien les clés de notre Dictionnaire.

Vous vous doutez bien que s'il existe une méthode pour obtenir les clés, il en existe aussi une pour obtenir les valeurs.

Et cette méthode est : values. Cette fois, je mets directement le résultat dans une liste avec la fonction list et je la stoque dans une variable :

```
value_dict = list(mon_dictio.values())

print(value_dict)
```

Résultat :

```
['Sergent-Chef', 'Sergent', 'Capitaine']
```

Voilà, nous avons récupéré les valeurs de notre Dictionnaire. Puisque vous savez afficher les clés je vous montre le résultat de notre

Dictionnaire 'grille', en affichant ses clés. (Le Dictionnaire initial, avant que la Barque soit Touchée) :

```
176     grille = {}
177
178     grille[('A',1)] = 'Barque'
179     grille[('A',2)] = 'Barque'
180
181     grille[('C',1)] = 'Porte-Avions'
182     grille[('C',2)] = 'Porte-Avions'
183     grille[('C',3)] = 'Porte-Avions'
184     grille[('C',4)] = 'Porte-Avions'
185     grille[('C',5)] = 'Porte-Avions'
186
187
188     print(list(grille.keys()))
189
```

Résultat :

```
[('A', 1), ('A', 2), ('C', 1), ('C', 2), ('C', 3), ('C', 4), ('C', 5)]
```

Nous allons maintenant voir que les Dictionnaires peuvent contenir d'autres Dictionnaires. Ça peut peut être vous sembler déroutant au début mais vous allez voir qu'en fait, il s'avère que cela est pratique.

Reprenons l'exemple sur les grades militaires, mais cette fois-ci au lieu de créer toutes les personnes dans le même Dictionnaire, nous allons en créer un par personne. Pour chacune de ces personnes, leur Dictionnaire contiendra les clés/valeurs suivantes :

Nom/Le nom sous forme de chaine de caractères, Age/ l'age sous forme de nombre entier et enfin, Grade/Le grade sous forme de chaine de caractères.

Regardez :

```
148    mon_dictio = {}
149
150    thomas_dict = {}
151    thomas_dict['Nom'] = 'Thomas'
152    thomas_dict['Age'] = 35
153    thomas_dict['Grade'] = 'Sergent-Chef'
154
155    eric_dict = {}
156    eric_dict['Nom'] = 'Eric'
157    eric_dict['Age'] = 34
158    eric_dict['Grade'] = 'Sergent'
159
160    emma_dict = {}
161    emma_dict['Nom'] = 'Emma'
162    emma_dict['Age'] = 31
163    emma_dict['Grade'] = 'Capitaine'
164
165    emilie_dict = {}
166    emilie_dict['Nom'] = 'Emilie'
167    emilie_dict['Age'] = 30
168    emilie_dict['Grade'] = 'Lieutenant'
169
170
171    mon_dictio['Thomas'] = thomas_dict
172    mon_dictio['Eric'] = eric_dict
173    mon_dictio['Emma'] = emma_dict
174    mon_dictio['Emilie'] = emilie_dict
175
```

Je commence à la ligne 148 par créer mon Dictionnaire principal (celui qui contiendra tous les autres).

Ligne 150, je crée le Dictionnaire d'une personne (Thomas) et je renseigne toutes ses données (Les clés et valeurs pour : le nom, l'âge et le grade).

Aux lignes 155, 160 et 165, je refais la même chose mais pour les autres personnes (Eric, Emma, et Emilie).

Enfin, ligne 171, je crée les clés/valeurs de mon Dictionnaire principal avec comme clés, les prénoms sous forme de chaines de caractères et comme valeurs, les Dictionnaires correspondants (La variable qui contient chaque Dictionnaire en fait).

Maintenant, si je veux accéder à un Dictionnaire d'une personne (disons Emma par exemple) je devrai faire :

```
print(mon_dictio['Emma'])
```

Et le résultat serait :

```
{'Nom': 'Emma', 'Age': 31, 'Grade': 'Capitaine'}
```

Et si je veux accéder à un élément particulier de son Dictionnaire (disons la valeur que contient sa clé 'Grade'), je devrai faire :

111

```
print(mon_dictio['Emilie']['Grade'])
```

Et le résultat serait :

Lieutenant

Plutôt simple, pas vrai ?

Mais nous pouvons aussi stoquer des choses bien plus surprenantes dans les Dictionnaires et même si j'ai hésité un moment en me demandant si je devais vous en parler maintenant ou pas, (puisque pour le moment vous n'avez pas le niveau).

Je pense que le mieux c'est de laisser les informations groupées thème par thème et chapitre par chapitre et de vous préciser quand vous pouvez sauter une partie et y revenir quand vous aurez appris ce qu'il vous manque pour comprendre.

Donc nous y voici, je vous conseille de sauter cette partie et d'y revenir quand vous aurez lu le chapitre sur les fonctions.

Les Fonctions dans les Dictionnaires :

Vous l'aurez compris, nous allons voir comment stoquer des fonctions dans les Dictionnaires. Je vous propose de commencer par une fonction tout ce qu'il y a de plus basique puisqu'elle se contente d'afficher : "Bonjour je suis Emilie".
Nous l'assignerons au Dictionnaire d'Emilie.

Regardez :

```
165      def Bonjour():
166          print("Bonjour je suis Emilie")
167
168      emilie_dict = {}
169      emilie_dict['Nom'] = 'Emilie'
170      emilie_dict['Age'] = 30
171      emilie_dict['Grade'] = 'Lieutenant'
172      emilie_dict['Bonjour'] = Bonjour()
173
```

Aux lignes 165 et 166, je crée ma fonction et c'est à la ligne 172 que je crée une clé de type chaine de caractère 'Bonjour' et qui contient comme valeur la fonction Bonjour (avec les parenthèses).

Un peu plus bas j'affiche (voir capture suivante) la clé 'Emilie' de mon Dictionnaire général, ce qui si vous avez bien suivi le chapitre actuel, est supposé afficher le Dictionnaire Emilie dans sa totalité.

Regardez :

```
print(mon_dictio['Emilie'])
```

Et le résultat :

```
Bonjour je suis Emilie

{'Nom': 'Emilie', 'Age': 30, 'Grade': 'Lieutenant', 'Bonjour': None}
```

Très bien. Sur le résultat de l'affichage du Dictionnaire nous voyons dans un premier temps le print de la fonction qui affiche : "Bonjour je suis Emilie" puis ensuite les clés et valeurs du Dictionnaire.

Tout d'abord, pourquoi le print de la fonction s'exécute ? C'est très simple, la valeur de la clé Bonjour est la fonction. Mais non seulement c'est la fonction mais en plus il s'agit de la fonction avec les parenthèses. Il est donc normal qu'elle soit exécutée.

Mais par contre, pourquoi la valeur de la clé Bonjour quand on affiche le Dictionnaire est : None ? Là aussi c'est simple, bien que pas aussi évident à première vue.

La valeur de la clé Bonjour est la fonction qui s'éxécute donc la valeur de la clé Bonjour est en réalité la valeur de retour de la fonction, mais comme la fonction ne retourne aucune valeur, la valeur de la clé Bonjour est à None. Pour vous le prouver, modifions un peu la fonction comme sur la capture suivante en faisant en sorte que la fonction retourne une valeur.

Regardez :

```
def Bonjour():
    print("Bonjour je suis Emilie")
    return 3
```

Et affichons le Dictionnaire à nouveau :

```
print(mon_dictio['Emilie'])
```

Résultat :

```
{'Nom': 'Emilie', 'Age': 30, 'Grade': 'Lieutenant', 'Bonjour': 3}
```

Comme vous le voyez, maintenant la valeur associée à la clé Bonjour est : 3.

Je précise que sur la capture précédente la phrase : "Bonjour je suis Emilie" était toujours présente, j'ai simplement choisi de couper la capture car ce n'est pas ce qui nous intéresse ici.

Remettons notre fonction comme elle était au départ nous allons nous en resservir pour les exemples suivants :

```
165     def Bonjour():
166         print("Bonjour je suis Emilie")
```

Maintenant regardez ce qu'il se passe quand je retire les parenthèses à la fonction Bonjour sur la valeur Bonjour du Dictionnaire.

Comme ceci :

```
emilie_dict = {}
emilie_dict['Nom'] = 'Emilie'
emilie_dict['Age'] = 30
emilie_dict['Grade'] = 'Lieutenant'
emilie_dict['Bonjour'] = Bonjour
```

Affichons le Dictionnaire à nouveau :

```
print(mon_dictio['Emilie'])
```

Résultat :

```
{'Nom': 'Emilie', 'Age': 30, 'Grade': 'Lieutenant', 'Bonjour': <function Bonjour at 0x101bafe18>}
```

On le voit très mal sur la capture, je vous affiche sur la suivante, uniquement la partie qui nous intéresse :

```
'Bonjour': <function Bonjour at 0x101bafe18>}
```

Cette fois-ci, vu que les parenthèses ne sont plus là, la fonction n'est plus appelée est la valeur du Dictionnaire pointe directement sur son adresse mémoire.

Remettez les parenthèses pour le dernier exemple :

```
165    def Bonjour():
166        print("Bonjour je suis Emilie")
167
168    emilie_dict = {}
169    emilie_dict['Nom'] = 'Emilie'
170    emilie_dict['Age'] = 30
171    emilie_dict['Grade'] = 'Lieutenant'
172    emilie_dict['Bonjour'] = Bonjour()
173
```

Puis écrivez le même code que sur la capture suivante :

```
print()

mon_dictio['Emilie']['Bonjour']
```

Comme si vous essayez d'accéder à la valeur du Bonjour mais sans le print.

Voici le résultat :

```
Bonjour je suis Emilie
```

Voilà, comme vous l'avez remarqué, les Dictionnaires sont bien pratiques pour nous permettre d'indexer des données sous la forme : clé/valeur.

Nous pouvons indexer nos données avec des types comme : Les entiers, les chaines de caractères, mais aussi les Tuples etc....

Quand aux données de Dictionnaires, elles peuvent être de toutes sortes comme : Des chaines de caractères, des nombres, des Tuples, des listes et même nous l'avons vu : des fonctions.

Ce chapitre est à présent terminé, dans le prochain nous étudierons les structures conditionnelles.

6. Les Conditions

6.1 Les conditions

Expliquer le fonctionnement des structures conditionnelles avec le if mais aussi le else et le elif. Montrer les comparaisons.

6.2 Les conditions avancées

Montrer quelques exemples avec le mot-clé : in.

Dans ce chapitre nous allons apprendre à utiliser les instructions conditionnelles. Un programme sans condition n'existe pas, il y en a partout. Les instructions que nous allons étudier sont : le if, le elif et le else. Cet ordre d'apprentissage est plutôt anormal comparé aux autres livres ou cours, mais je l'ai fait volontairement car quand l'on apprend les conditions et les boucles d'habitude, on est novice et l'on n'a pas trop d'idées d'utilisations. Mais là vous connaissez déjà les listes, les tuples et les dictionnaires et je suis sur que du coup leur intérêt sera décuplé. Ne perdons plus de temps : Commençons.

6.1 Les conditions

Les opérateurs de comparaisons :

Les opérateurs de comparaisons sont quasiment comme ceux que l'on a appris à l'école. Voici un tableau :

>	Plus grand que
<	Plus petit que
>=	Plus grand ou égal à
<=	Plus petit ou égal à
==	Egal à
!=	Différent de

Ils s'utilisent comme ceci :

A > B	A est plus grand que B
A < B	A est plus petit que B
A >= B	A est plus grand ou égal à B
A <= B	A est plus petit ou égal à B
A == B	A est égal à B
A != B	A est différent de B

Attention : pour tester l'égalité dans une condition il faut deux signes =.
Comme ceci : ==.

If :

If (qui veut dire "Si" en Anglais) est la structure (ou instruction) conditionnelle la plus simple à utiliser. Elle permet de dire : Si la condition est remplie : exécute le code qui est en dessous.

Exemple :

```
205     age = 25
206
207     if age > 21:
208         print("Vous êtes suffisement âgé")
209
210     print("Suite du code !")
211
```

Je commence par créer une variable age qui est égale à 25, puis à la ligne 207, je crée une instruction "if" qui va analyser une condition qui, si elle est remplie exécutera le code qui se trouve dans le "if" et dans le cas contraire, le code sautera en dehors du "if", c'est à dire à la ligne 210 dans notre exemple.

Regardez le résultat :

```
Vous êtes suffisement âgé
Suite du code !
```

Une chose qu'il est obligatoire de respecter, c'est l'indentation. L'indentation c'est l'alignement de votre code en fonction de son contenu. Je m'explique :

Dans les autres langages de programmations, les structures ou instructions sont regroupées et englobées grâce à des accolades. Il est donc facile de dire : ce code est à l'intérieur de cet if et cet if s'arrête à cette ligne.

Regardez :

```
3    age = 50
4    if (age == 50)
5    {
6    print("age egal 50")
7
8    }
9    print("Dans tous les cas, age existe")
```

Dans cet exemple il est facile de comprendre que si age est égal à 50 le premier print sera affiché, puis le deuxième mais si age n'est pas égal à 50 c'est seulement le deuxième qui sera affiché.

Sauf qu'en Python les accolades n'existent pas. On utilise donc l'indentation.

Comment fonctionne l'indentation ?
C'est quand même assez simple, prenons l'exemple du if :

```
207    if age > 21:
208        print("Vous êtes suffisement âgé")
209        print("Cette partie est aussi dans le if")
210
211    print("On sort du if")
```

Les deux prints dans le IF sont écrit après une tabulation et tout code ayant la même tabulation sera considéré comme étant dans le IF tant qu'il ne sera pas refermé.

Le troisième print est écrit au même niveau que le IF, il n'en fait donc pas partie et il contribue donc à sa fermeture.

En Python, quand il s'agit d'une instruction qui se termine par deux points, cela signifie qu'en allant à la ligne il faudra une tabulation (Si vous utiliser PyCharm, en appuyant sur Entrée après avoir tapé les deux points, la tabulation est insérée d'office).

Regardez ce qu'il se passe quand on oublie la tabulation :

```
213    if age < 21:
214    print("Ceci est interdit")
```

Résultat quand on lance le code :

```
File "/Users/MacBook/Documents/Pro/Python/L
    print("Ceci est interdit")
        ^
IndentationError: expected an indented block
```

Le Debuggeur (ici c'est celui de PyCharm) nous prévient d'une erreur d'indentation.

Regardons comment faire pour tester plusieurs conditions parce que le fait de dire (par exemple) si l'age est supérieur à 25 fait ceci, ça exécutera le code si l'age est supérieur à 25 mais comment pouvons-nous faire pour exécuter du code si l'âge n'est pas supérieur à 25 ?

Et ne me dîtes pas qu'il suffit de le mettre après le IF parce que là, ce code sera exécuté dans tous les cas.

Ceux qui pensent qu'il suffit de mettre plusieurs IF, c'est pas mal. Cela veut dire que vous commencez à avoir la logique du programmeur. Mais sachez tout de même que les programmeurs qui ont inventés les langages de programmations ont prévu le coup.

Il y a le if (Si), mais aussi le elif (qui est la contraction de else if, qui veut dire sinon si) et aussi le else (qui veut dire sinon) et vous avez plusieurs façons de faire.

Vous pouvez faire :

```
374        age = 21
375
376      if age == 21:
377            # Si age est égal à 21
378            print("C'est ce code qui sera exécuté")
379
380      else:
381            # Si age n'est pas égal à 21
382            print("C'est ce code qui sera exécuté")
383
384
385      print("Dans tous les cas, le code reprend ICI")
```

Nous avons vu que nous pouvons utiliser un if tout seul, mais vous pouvez mettre un else pour exécuter du code si la condition du if est fausse et que son code est ignoré.

Dans cet exemple, vu que l'age est égal à 21 c'est la condition du if qui sera exécuté et le code passera directement à la ligne 385 (en sautant le else).

Mais si l'age avait été différent de 21 en arrivant devant le if, le code aurait sauté directement à la ligne 381, il aurait exécuté le code du else puis ensuite il aurait reprit son exécution à la ligne 385.

Vous pouvez faire aussi :

```
374        age = 18
375
376      if age > 21:
377            # Si age est supérieur à 21
378            print("C'est ce code qui sera exécuté")
379
380      elif age < 21:
381            # Si age inférieur à 21
382            print("C'est ce code qui sera exécuté")
383
384
385      print("Dans tous les cas, le code reprend ICI")
```

125

Ici l'age est de 18, nous arrivons dans le if qui teste si l'age est supérieur à 21 ce qui est faux, donc le code du if ne sera pas exécuté et sautera à la ligne 380 pour tester la condition du elif.

Le elif teste si l'age est inférieur à 21 (ce qui est le cas ici) donc son code sera exécuté (ligne 381 et 382) puis sautera à la ligne 385.

Et aussi :

```
374      age = 18
375
376    ⌐if age > 21:
377          # Si age est supérieur à 21
378      ⌐    print("C'est ce code qui sera exécuté")
379
380    ⌐elif age < 21:
381          # Si age inférieur à 21
382      ⌐    print("C'est ce code qui sera exécuté")
383
384    ⌐else:
385          # Si age est ni supérieur ni inférieur à 21
386      ⌐    print("Ici l'age est forcement 21")
387
388
389      print("Dans tous les cas, le code reprend ICI")
```

C'est le même code que l'exemple précédent, j'ai juste rajouté le else qui sera exécuté si l'age est ni supérieur ni inférieur à 21. Donc en gros si l'âge est égal à 21.

Else veut dire sinon, donc la condition se déroule comme ceci :

SI age est plus grand que 21, exécute le code en dessous de moi (le IF) et saute jusqu'à la ligne 385 (en dehors des if / elif / else)

SINON SI age est plus petit que 21 exécute le code qui est en dessous de moi (le ELIF) et saute ensuite à la ligne 385.

SINON (Si aucune des conditions du dessus n'est vraie) exécute le code qui est en dessous de moi (le ELSE) et saute à la ligne 385.

Je vous ai mis en dessous des exemples avec des prints plus parlant pour que ça rentre bien. Il faut absolument que vous soyez à l'aise avec ce concept qui doit devenir un automatisme pour vous.

Regardez :

```
205        age = 25
206
207        if age > 21:
208            print("Vous êtes suffisement âgé")
209
210        if age < 21:
211            print("Vous n'êtes pas assez âgé")
212
213        print("Suite du code !")
214
```

Ici le code affichera :
Vous êtes suffisamment âgé

Suite du code !

C'est une mauvaise pratique de mettre plusieurs if il y a le elif pour ça.

Pour la suivante on va dire que l'âge est égal à 21 que va afficher le code ?

```
207    if age > 21:
208        print("Vous êtes suffisement âgé")
209        print("Cette partie est aussi dans le if")
210
211    elif age < 21:
212        print("Vous êtes trop jeune")
```

Rien du tout !
Il passera au code qui se trouve en dessous, s'il y en a.

Allez, une dernière et après on passe à un nouveau concept (ou du moins une autre façon de faire) :

```
204
205    age = 25
206
207    if age > 21:
208        print("Vous êtes suffisement âgé")
209        print("Cette partie est aussi dans le if")
210
211    elif age < 21:
212        print("Vous êtes trop jeune")
213
214    else:
215        print("Vous avez tout juste l'âge")
```

Ici c'est le code du if qui sera exécuté.
Savez-vous que l'on peut imbriquer les conditions ? Non ?
Vous en avez un exemple tous les jours quand vous allez sur internet.

Regardez l'exemple suivant :

```
205     pseudo = "User"
206     password = 1234
207
208     if pseudo == "User":
209         print("Le Pseudo est correct")
210         if password == 1234:
211             print("Le password est correct")
212             print("Vous êtes connecté")
213         else:
214             print("Mauvais mot de passe")
215     else:
216         print("Le Pseudo n'existe pas")
217
218
219     print("Suite du code !")
220
```

Je crée sur la capture précédente une variable pseudo qui contient la chaine de caractères "User" et une variable password qui contient le nombre 1234. Je test à la ligne 208 la condition dans le if pour savoir si pseudo est égal à "User".

Si c'est le cas (et ça l'est) le code qui est indenté en dessous du if sera exécuté en commençant par la ligne 209 qui affichera le print. Puis ensuite un nouveau if testera la condition :

Est ce que password est égal à 1234 (ce qui est le cas), donc attention nous devons une nouvelle fois indenté le code, même si nous sommes dans du code indenté, pour bien préciser que le code en dessous du deuxième if ne sera exécuté que si la condition du deuxième if est vraie et elle même sera rencontrée que si la condition du premier if est vraie.
Je vais récapituler en envisagent toutes les possibilités :

Si pseudo est égal à "User" on passe à la ligne 209 puis 210 où on teste si password est égal à 1234. Si c'est le cas on passe à la ligne 211, puis 212, puis ensuite on sautera à la ligne 219.

Maintenant si pseudo est toujours "User", on arrive jusqu'à la ligne 210, mais là, imaginons que password ne soit pas 1234 mais 0000. Cette fois le code partira dans le else (celui qui appartient au if dont la condition est fausse) vu que password n'est pas égal à 1234, on rentre dans le code du else qui se trouve à la ligne 213 et on exécute son code qui se trouve à la ligne suivante c'est à dire, on verra le print qui dit :

"Mauvais mot de passe".

Maintenant dernière possibilité, si pseudo n'est pas égal à "User" quand on arrivera à la ligne 208 qui test si pseudo est égal à "User", on sautera directement dans le else qui correspond à ce if c'est à dire celui qui est ligne 215. Et le print affichera :
"Le pseudo n'existe pas".
Mais peu importe les valeurs des variables pseudo et password, dans tous les cas, après le test des conditions le code passera à la ligne 219.

Mais par simple curiosité, notre code plus haut (avec les variables actuelles) affichera le code suivant :

```
Le Pseudo est correct
Le password est correct
Vous êtes connecté
Suite du code !
```

Il faut que vous sachiez (si vous ne l'avez pas deviné) que nous pouvons mettre autant de elif que nous le souhaitons dans une condition.

Je ne vous l'ai pas dit avant pour ne pas vous donner trop d'informations d'un coup, mais regardez plutôt avec un exemple :

```
398    aujourdhui = "Samedi"
399
400    print("Nous sommes : ", aujourdhui)
401
402    if aujourdhui == "Lundi":
403        print("C'est le début de semaine")
404
405    elif aujourdhui == "Mardi":
406        print("Aujourd'hui c'est mieux")
407
408    elif aujourdhui == "Mercredi":
409        print("Les enfants n'ont pas école")
410
411    elif aujourdhui == "Jeudi":
412        print("Milieu de semaine")
413
414    elif aujourdhui == "Vendredi":
415        print("Aujourd'hui tout est permis")
416
417    else:
418        print("Vous êtes en Week-end")
```

Je crée une variable aujourd'hui qui contiendra "Samedi". J'affiche sur la ligne 400 un print qui affichera :

Nous sommes : Samedi.

Puis ligne 402 je commence à tester la condition :

if aujourd'hui == Lundi, alors le print du dessous sera exécuté.

Ensuite je teste dans un elif (ligne 405) si aujourd'hui est égale à Mardi (au cas ou elle ne serait pas égale à Lundi) et si c'est le cas j'affiche un print en dessous.

Ligne 408 j'ai placé un nouveau elif pour tester si aujourd'hui est égale à Mercredi. La condition ne sera analysée que si aujourd'hui n'est pas égale à Lundi ni Mardi.

Et je recommence pour Jeudi et Vendredi. Ensuite j'ai choisi de mettre directement un Else si aujourd'hui n'est ni égale à Lundi, Mardi, Mercredi, Jeudi ou Vendredi. Ce qui veut dire que le Else s'exécutera pour Samedi est Dimanche.

Regardez le résultat :

```
Nous sommes :  Samedi
Vous êtes en Week-end
```

Voilà, comme vous le voyez, il n'y a rien de compliqué. C'est juste un entraînement à avoir. Dans l'exemple suivant, j'ai réalisé le même que le précédent mais dans le Else, j'ai mis un autre If / Else qui teste quel jour du Week-end il s'agit et qui affiche une phrase en conséquence.

J'aurais pu créer d'autres Elif pour les deux jours du Week-end aussi mais je voulais vous montrer comment optimiser le code. Vous verrez que dans le cas de Samedi ou Dimanche, j'affiche la phrase "Vous êtes en Week-end" et qu'en faisant un autre if dans le Else on économise du code. Même si ce n'est pas visible dans cet exemple puisqu'il n'y a qu'une phrase qu'on évite de retaper.

Mais regardez plutôt le code pour comprendre :

```
397
398     aujourdhui = "Samedi"
399
400     print("Nous sommes : ", aujourdhui)
401
402     if aujourdhui == "Lundi":
403         print("C'est le début de semaine")
404
405     elif aujourdhui == "Mardi":
406         print("Aujourd'hui c'est mieux")
407
408     elif aujourdhui == "Mercredi":
409         print("Les enfants n'ont pas école")
410
411     elif aujourdhui == "Jeudi":
412         print("Milieu de semaine")
413
414     elif aujourdhui == "Vendredi":
415         print("Aujourd'hui tout est permis")
416
417     else:
418         print("Vous êtes en Week-end")
419         if aujourdhui == "Samedi":
420             print("En plus il reste 2 jours")
421         else:
422             print("Mais bon, demain : Reprise")
```

Résultat :

```
Nous sommes :  Samedi
Vous êtes en Week-end
En plus il reste 2 jours
```

Vous voyez ? Si j'avais fais des elif pour Samedi et Dimanche aussi, il aurait fallu retaper le print qui affiche : "Vous êtes en Week-end". Ok, ici c'est pas pertinent, mais imaginez que pour le Week-end il faille afficher la liste des activités possibles par exemples. Et bien dans ce cas, vous comprenez mieux pourquoi je n'ai pas fait comme ça :

```python
aujourdhui = "Samedi"

print("Nous sommes : ", aujourdhui)

if aujourdhui == "Lundi":
    print("C'est le début de semaine")

elif aujourdhui == "Mardi":
    print("Aujourd'hui c'est mieux")

elif aujourdhui == "Mercredi":
    print("Les enfants n'ont pas école")

elif aujourdhui == "Jeudi":
    print("Milieu de semaine")

elif aujourdhui == "Vendredi":
    print("Aujourd'hui tout est permis")

elif aujourdhui == "Samedi":
    print("C'est le Week-end")
    print(" Voici la liste des activités :")
    print(" 14 h : Cinéma")
    print(" 19 h : Apéro")
    print(" 21 h : Diner")
    print(" 23 h : Discothèque")

elif aujourdhui == "Dimanche":
    print("C'est le Week-end")
    print(" Voici la liste des activités :")
    print(" 14 h : Cinéma")
    print(" 19 h : Apéro")
    print(" 21 h : Diner")
    print(" 23 h : Discothèque")
```

Vous voyez déjà un peu mieux ou je veux en venir ? En programmation on évite de se répéter vu que c'est exactement pour éviter ça qu'elle a été inventée. Et encore, là il n'y a que quelques phrases à retaper mais s'il y en avait eu 50 vous auriez vraiment assimilé le truc.

Quoi qu'il en soit, voici le résultat :

```
Nous sommes :  Samedi
C'est le Week-end
 Voici la liste des activités :
 14 h : Cinéma
 19 h : Apéro
 21 h : Diner
 23 h : Discothèque
```

Si les conditions ne vous semblent pas très intéressantes ou utiles c'est que vous n'avez pas encore bien saisie le concept car sachez qu'elles sont indispensables. Voyons maintenant les conditions avancées.

6.2 Les conditions avancées

Vous avez la possibilité de tester deux conditions dans une même instruction if. Quand je dis deux conditions dans une même instruction if, je ne veux pas dire :
Un if et un elif mais bel et bien une condition du style :

If age > 21 ET argent > 50:
        Print("Vous pouvez entrer")

La condition sera vrai est le code exécuté si la variable age est supérieure à 21 et que la variable argent supérieure à 50. Le mot-clé que vous devez utiliser pour lier les deux est le mot : and.

Regardez :

```
205     pseudo = "User"
206     password = 1234
207
208     if pseudo == "User" and password == 1234:
209         print("Le Pseudo est correct")
210         print("Le password est correct")
211         print("Vous êtes connecté")
```

Attention : Le code ne sera exécuté que si (et seulement si) les deux conditions sont vraie. C'est à dire, si pseudo et égal à "User" et que password est égal à 1234.

Regardez avec la suite du code pour vous en convaincre :

```
205     pseudo = "User"
206     password = 1234
207
208     if pseudo == "User" and password == 1234:
209         print("Le Pseudo est correct")
210         print("Le password est correct")
211         print("Vous êtes connecté")
212
213     elif pseudo == "User":
214             print("Mauvais mot de passe")
215
216     elif password == 1234:
217         print("Le Pseudo est incorrect")
218
219     else:
220         print("Ni le pseudo ni le mot de passe sont correct")
221
```

Soyez attentif, ça va devenir légèrement compliqué. Ligne 208, si les deux conditions sont vraies c'est le code du if qui sera exécuté.

Mais si l'une des deux est fausse le code testera les conditions des elif en dessous. Il testera d'abord le elif ligne 213 en testant si pseudo est égal à "User" (puisque si le code en est là, c'est qu'une des deux conditions était fausse), donc si pseudo est égal à "User" c'est que c'était password qui était faux et il affichera le code en dessous.

J'ai choisi d'afficher la phrase "Mauvais mot de passe" mais vous pouvez faire ce que vous voulez. S'il s'avère que la condition que le code a testé à la ligne 213 est fausse, il sautera au elif à la ligne 216, pour tester si le password est 1234, si c'est le cas, c'est que c'était le pseudo qui était incorrect.

Mais attention, si aucun de ces deux conditions de elif est rempli cela signifie que les deux étaient incorrects et donc le else de la ligne 219 sera exécuté.

Il y a un autre type de comparaisons qui permet d'avoir deux conditions dans le même if. Il s'agit de or qui est OU en Français et qui fonctionne exactement de la même manière que and mais cette fois-ci le code s'exécutera si ou moins une des conditions est vraie.

Regardons un exemple :

```python
if aujourdhui == "Samedi" or aujourdhui == "Dimanche":
    print("Vous êtes en Week-End !")

else:
    print("Allez bosser !")
```

J'ai repris la variable que j'ai utilisée plus haut, pour les jours de la semaine. Pour rappel, elle est égale à "Samedi".

Comme je vous l'ai dit, le mot-clé "or" permet de tester les conditions et le code s'exécutera si une des deux conditions est vraie. Donc si aujourd'hui est égale à Samedi ou à Dimanche.

Regardez :

```
Vous êtes en Week-End !
```

Voilà ! Mais je suis sur que vous aviez déjà une idée du résultat.

Vous vous souvenez quand je vous ai dit que la programmation a été inventé dans le but de ne pas se répéter (enfin j'exagère en disant ça mais c'est pour vous faire comprendre) ?

Vous avez remarqué aussi que dans la dernière condition (celle avec "or", je répète le nom de variable "aujourd'hui" ? Il y a une autre façon de faire en Python qui permet de ne pas à avoir à répéter le nom de la variable. Il vaut mieux que je vous montre l'exemple en premier.

Regardez :

```
if aujourdhui in ["Samedi","Dimanche"]:
    print("Vous êtes en Week-End !")

else:
    print("Allez bosser !")
```

Je vous la traduis en Français et après je vous l'explique :

Si la variable aujourd'hui (Samedi) est dans la liste ["Samedi", "Dimanche"].

Ce qui signifie : Si la valeur de la variable aujourd'hui se trouve dans la liste qui contient Samedi et Dimanche alors la condition est vraie.

Ceci est faisable en Python grâce au mot-clé "in" qui veut dire "Dans" et qui permet de chercher dans une séquence (oui séquence, donc ça marche avec les Tuples aussi).

Résultat :

```
Vous êtes en Week-End !
```

Le même exemple avec un Tuple :

```
if aujourdhui in ("Samedi","Dimanche"):
    print("Vous êtes en Week-End !")

else:
    print("Allez bosser !")
```

Le résultat est le même.

Voilà, ce chapitre est terminé. Ne négligez pas les structures conditionnelles, elles sont importantes et vous verrez que nous allons nous en resservir quand nous verrons les boucles. Ce qui d'ailleurs sera le cas dans le prochain chapitre.

7. Les boucles

7.1 La boucle While

Expliquer ce qu'est une boucle au travers de quelques exemples. Étudier les Booléens.

7.2 La bouche For

Appliquer des exemples de la boucle For sur les listes et les ranges. Utiliser les mots-clés break, continue.

7.3 Les compréhensions de listes

Compréhensions de listes, explications et exemples. Ainsi que des imbrications de compréhensions de listes.

Dans ce chapitre nous allons étudier les boucles qui sont aussi une fonctionnalité indispensable dans tous les langages de programmation. Ce sont même elles qui apportent tout l'intérêt à la création d'un programme car elles permettent d'exécuter des actions en boucles en ne s'arrêtant que dans une condition particulière. Nous verrons aussi les compréhensions de listes qui vont nous faciliter la vie en ce qui concerne les boucles sur les listes, tuples et dictionnaires.

7.1 La boucle While

Commençons par expliquer ce qu'est une boucle. Une boucle est une action ou un événement qui se répète un nombre de fois qui peut être déterminé ou non.
Quel est le lien avec la programmation ?

En programmation, une boucle est une partie du programme qui se répète dans le but d'exécuter une tache plusieurs fois sans aucune intervention de l'utilisateur.

Nous allons étudier deux types de boucles en Python, la boucle While et la boucle For. Nous démarrons par la boucle While.

While veut dire "Tant que" et c'est une boucle qui va s'exécuter et se répéter tant qu'une condition est vraie. La condition se définie de la même manière que pour un If. La seule exception c'est qu'au lieu d'écrire if il faut écrire while.

Regardez :

```
226         A= 10
227
228     while A > 0:
229         print("Variable A = ", A)
230         A-=1
231
```

Je commence par créer une variable que je nomme "A" est je lui donne la valeur 10. Ensuite je crée ma boucle à la ligne 228 en écrivant while, suivi de ma condition et je termine par les deux points (comme le if, ce qui signifie que le code de la boucle devra être indenté).

Je mets un print à l'intérieur de la boucle qui affiche la valeur de la variable "A" et sur la ligne 230 je décrémente (je baisse) la valeur de "A".

Regardez ce qu'il va se passer quand je vais lancer le code :

```
Variable A =  10
Variable A =  9
Variable A =  8
Variable A =  7
Variable A =  6
Variable A =  5
Variable A =  4
Variable A =  3
Variable A =  2
Variable A =  1
```

Que s'est-il passé dans notre code ?

C'est très simple. En arrivant sur notre while, l'interpréteur Python à lu la condition qui dit : tant que "A" est plus grand que 0, tu m'exécutes le code de la boucle (c'est à dire le code indenté).

L'interpréteur a donc affiché le print, puis il a exécuté la ligne du dessous qui a changé la valeur de "A" qui vaut à présent 9. Puis à ce niveau là le code retourne sur la ligne de la condition du while et il lit :

Tant que "A" est plus grand que 0 tu exécutes le code. A ce moment-là la variable "A" valait 9, elle était donc plus grande que 0, le code s'est à nouveau exécuté, en affichant le print et en baissant la valeur de "A" une nouvelle fois (qui maintenant vaut 8. Puis l'interpréteur retourne sur la condition qui lui dit :

Tant que "A" est plus grande que 0 tu m'exécutes le code. A ce niveau "A" vaut 8, ce qui est toujours plus grand que 0 donc le code est encore exécuté, jusqu'à ce que la variable "A" ne soit plus plus grande que 0, c'est à dire qu'elle soit égale à 0 ou moins.

Ce qui à ce moment-là obligerait l'interpréteur à exécuter le code en dessous de la boucle. Là il n'y en a pas mais c'est le même principe que le IF, il aurait exécuté le code qui n'est plus indenté.

Je vous montre à présent une erreur que tous les débutants font (et même parfois les programmeurs qui ne font pas attention). Cette erreur c'est d'oublier de changer la valeur de la variable qui est dans la condition du while ; ce qui, vous l'aurez peut être compris, provoquera une boucle qui ne pourra jamais s'arrêter que l'on nomme dans le jargon : "boucle infini".

Regardez le code :

```
225
226        A= 10
227        Tour_de_boucle = 1
228
229      while A > 0:
230          print("Variable A = ", A)
231          print("Tour de boucle = ", Tour_de_boucle)
232          Tour_de_boucle +=1
233
```

J'ai toujours ma variable "A" qui vaut 10, mais je crée aussi une variable que je nomme "Tour_de_boucle" qui vaut 1 et dont je vais me servir pour compter les tours de la boucle (il me suffit de faire comme avec la variable "A" plus haut et de lui retirer 1 à chaque tour). Mais dans l'exemple j'ai (volontairement, pour vous montrer l'erreur) oublier de changer la valeur de "A" qui est utiliser pour la condition de la boucle. Ce qui fait que la condition ne changera jamais (ici elle sera toujours vraie).

Regardez le résultat que cela provoque :

```
Variable A =  10
Tour de boucle =  112994
Variable A =  10
Tour de boucle =  112995
Variable A =  10
Tour de boucle =  112996
Variable A =  10
Tour de boucle =  112997
Variable A =  10
Tour de boucle =  112998
Variable A =  10
Tour de boucle =  112999
Variable A =  10
Tour de boucle =  113000
Variable A =  10
Tour de boucle =  113001
Variable A =  10
Tour de boucle =  113002
Variable A =  10
Tour de boucle =  113003
Variable A =  10
Tour de boucle =  113004
Variable A =  10
```

Quand je dis résultat, je veux dire une partie parce que vu que la boucle est infinie je ne vous ai fait qu'une partie de la capture.

On voit bien que la boucle est infinie, la valeur de la variable qui compte les tours de boucle en est rapidement à plus de 100.000 tours et la valeur de "A" n'a pas changée, et vu que c'est "A" qui est analysée comme condition pour sortir de la boucle, nous sommes sur d'être dans une boucle infinie.

Regardez ce qu'il aurait fallu faire pour remédier au problème :

```
226      A= 10
227      Tour_de_boucle = 1
228
229      while A > 0:
230          print("Variable A = ", A)
231          print("Tour de boucle = ", Tour_de_boucle)
232          Tour_de_boucle +=1
233          A-=1
```

Ligne 233, j'ai bien pensé à changer la valeur de "A". Sa valeur pourra donc être décrémentée à chaque passage dans la boucle et quand elle arrivera à zéro, la condition du while ne sera plus remplie et l'interpréteur sortira du code indenté pour reprendre l'exécution du code qu'il y a en dessous (même si dans notre exemple il n'y a rien d'autre c'est comme ça que ça marche).

Résultat :

```
Variable A =  10
Tour de boucle =  1
Variable A =  9
Tour de boucle =  2
Variable A =  8
Tour de boucle =  3
Variable A =  7
Tour de boucle =  4
Variable A =  6
Tour de boucle =  5
Variable A =  5
Tour de boucle =  6
Variable A =  4
Tour de boucle =  7
Variable A =  3
Tour de boucle =  8
Variable A =  2
Tour de boucle =  9
Variable A =  1
Tour de boucle =  10
```

Maintenant vous voyez bien que tout fonctionne.

Je vais à présent vous montrer une manière de sortir de la boucle même si la condition est toujours vraie. Cela peut s'avérer parfois très utile vous allez voir.

Regardez l'exemple suivant, je vous le détaille ensuite :

```
229    while True:
230        print("Variable A = ", A)
231        print("Tour de boucle = ", Tour_de_boucle)
232        Tour_de_boucle +=1
233        A-=1
234
235        if A < -2:
236            break
```

Ce que je veux vous montrer en premier, c'est la condition du while. Vous remarquerez que j'ai mis "True". Si vous vous souvenez je vous avez dit que True était un Booléen. Un Booléen peut prendre deux valeurs True (Vrai ou False). J'aurais pu créer une variable pour lui donner la valeur True comme ceci :

Ma_condition = True
while Ma_condition:

Mais je préfère l'utiliser directement. Donc je vous disais que True voulais dire Vrai, ce qui signifie ici que la condition veut dire:
Tant que True est True (en gros tant que True est vrai). Mais vous comprenez bien que ce sera toujours le cas. Ça aurait pu ne pas l'être si je l'avait mis dans une variable (comme : Ma_condition) est que j'avais dit à un moment :

Ma_condition = False. Mais là, True restera True et donc la condition sera toujours vraie donc, nous sommes dans une boucle infinie.
Mais regardez plutôt à la ligne 235, j'ai mis un if dans ma boucle et cet if dit :
Si la variable "A" est plus petite que -2 alors tu m'exécutes le code en dessous. Et il s'avère que le code du if ne contient qu'une seule instruction et cette instruction c'est le mot-clé : "break" qui veut dire : "Sors d'ici" (de la boucle).

Donc quand la variable A sera plus petite que -2, l'interpréteur sortira de la boucle, même si elle est infinie, elle sera forcément arrêtée.

Regardez le résultat :

```
Variable A =  10
Tour de boucle =  1
Variable A =  9
Tour de boucle =  2
Variable A =  8
Tour de boucle =  3
Variable A =  7
Tour de boucle =  4
Variable A =  6
Tour de boucle =  5
Variable A =  5
Tour de boucle =  6
Variable A =  4
Tour de boucle =  7
Variable A =  3
Tour de boucle =  8
Variable A =  2
Tour de boucle =  9
Variable A =  1
Tour de boucle =  10
Variable A =  0
Tour de boucle =  11
Variable A =  -1
Tour de boucle =  12
Variable A =  -2
Tour de boucle =  13
```

Dès que A est plus petit que -2, on sort de la boucle sans même exécuter son code une dernière fois.
Ce sera tout pour la boucle while. Nous passons maintenant à la boucle For.

7.2 La bouche For

For...In :

La boucle For in est une boucle dédiée aux séquences (liste, tuple, string) qui permet de parcourir un à un les éléments de la séquence sans se soucier de la condition de la boucle avec la taille puisqu'elle s'arrêtera quand elle aura parcouru tous les éléments de la séquence... Son utilisation est très simple : On commence par le mot-clé : for, suivi d'un nom de variable qui fera référence à l'élément actuel à chaque tour de boucle, puis le mot-clé : in suivi de la séquence que l'on veut traiter (sans oublier les deux points).

Regardez l'exemple suivant, je vous le détaille ensuite :

```
241     JoursSemaine = ["Lundi", "Mardi", "Mercredi",
242                     "Jeudi", "Vendredi", "Samedi", "Dimanche"]
243
244
245     for jour in JoursSemaine:
246         print("Nous sommes : ", jour)
247
```

Je commence par créer une liste qui contient les jours de la semaine sous forme de chaine de caractères et ensuite je créer une boucle for qui va les parcourir un à un et afficher dans un print :
"Nous sommes : jour" et la variable jour sera remplacé par chacun des éléments de la liste.
Comment cela fonctionne exactement ?

C'est simple, il suffit d'écrire le mot-clé "for" puis un nom de variable (de votre choix) qui fera référence à l'élément de la liste à chaque tour de boucle puis de rajouter le mot-clé "in" suivi de la liste que vous voulez analyser et enfin de terminer par les deux points comme pour if et while (ce qui signifie que le code du dessous sera indenté).

Laissez-moi vous en dire plus au sujet de cette variable temporaire qui fera référence aux éléments de votre liste. Ce nom que vous choisissez au moment ou vous écrivez votre boucle for, doit respecter les mêmes contraintes que les noms de variable (puisque ça en est une) et à chaque tour de boucle, cette variable correspondra à l'élément qui est analysé dans la boucle.

Par exemple dans notre liste des jours de la semaine : au premier tour de la boucle, notre variable jour sera : Lundi, puis au deuxième tour elle sera Mardi etc.... Jusqu'à la fin de la boucle.

Regardez le résultat :

```
Nous sommes :  Lundi
Nous sommes :  Mardi
Nous sommes :  Mercredi
Nous sommes :  Jeudi
Nous sommes :  Vendredi
Nous sommes :  Samedi
Nous sommes :  Dimanche
```

Pratique n'est ce pas ?
Nous n'avons même pas besoin de nous soucier des conditions et des boucles infinies car la liste parcours tous les éléments de la liste et sort toute seule quand elle a fini. Maintenant au lieu de parcourir une liste dans notre boucle for, nous allons parcourir un "range".

Regardez l'exemple suivant :

```
250     for i in range(10):
251         print(i)
```

Aussi simple que cela. Et le résultat l'est tout autant, regardez :

```
0
1
2
3
4
5
6
7
8
9
```

Essayons tout de même avec des "ranges" un peu plus avancés et un peu plus intéressant surtout.

Regardez :

```
250     for i in range(10, 50, 10):
251         print("Le carre de : "+str(i)+" est : ", i*i)
252
```

Je vous avais déjà expliqué le fonctionnement du range. On peut définir un minimum, un maximum (qui sera exclu. Par ex : 50 sera 50-1 donc 49) et aussi un écart qui défini à quel intervalle sont séparées les valeurs contenues dans la range.
Le range que j'ai définis dans cet exemple va donc me donner une série de valeurs allant de 10 à 49 en ne prenant que les dizaines, c'est à dire : 10, 20, 30 et 40. La variable qui fera référence à chacune de ces valeurs dans la boucle sera la variable que je nomme "i".

Comme vous le voyez à la ligne 251 de l'exemple, j'affiche avec un print, une phrase qui va prendre toutes les valeurs de ma série de nombres et en afficher leurs carrés, c'est à dire, leur valeur multipliée par elle-même.

Résultat :

```
Le carre de : 10 est :  100
Le carre de : 20 est :  400
Le carre de : 30 est :  900
Le carre de : 40 est :  1600
```

Bon, sachez que même si je ne vous l'ai pas montré pour while, parce que je n'avais pas d'exemple concret pour cela, il est courant de faire des boucles imbriquées, c'est à dire, une boucle dans une boucle. Mais savez-vous comment cela fonctionne en gros ?

C'est simple. L'interpréteur rentre dans la première boucle, pour son premier tour, puis quand il rencontre la deuxième (celle qui est à l'intérieur de la boucle principale) il la parcourt dans son intégralité, puis il sort de la deuxième pour exécuter le reste du code de la boucle principale (s'il y en a) puis il revient au début (la principale) pour exécuter son deuxième tour et exécuter à nouveau la boucle secondaire dans son intégralité et ainsi de suite.

Étant donné que c'est quasiment impossible de le comprendre comme ça, laissez-moi vous schématiser le concept :

```python
465     liste_lettres = ["A", "B", "C"]
466
467     liste_nombres = [1, 2, 3]
468
469
470     for lettre in liste_lettres:
471
472         print("Ici on commence le tour de :", lettre)
473
474         for nombre in liste_nombres:
475
476             print("Lettre : ", lettre)
477
478             print("Nombre :", nombre)
479
```

Je crée deux listes. Une première qui contient les lettres : "A", "B" et "C" et une seconde qui contient les nombres : 1, 2 et 3. Le but du code est de créer deux boucles imbriquées qui vont nous permettre de créer toutes les combinaisons possibles entre les deux listes. C'est à dire : A1, A2, A3, B1, B2, B3, C1, C2, C3.

Pour cela je crée une première boucle qui va parcourir la liste des lettres (la variable "lettre" sera la variable qui fera référence à la lettre actuelle à chaque tour de boucle).

Ligne 472 j'affiche un print qui à chaque tour de boucle des lettre m'affichera la lettre en cours. Ensuite ligne 474 je crée la boucle imbriquée, celle qui pour chaque lettre parcourra tous les nombres un à un. Ligne 476 et 478 je me contente d'afficher la lettre et le nombre à chaque tour de boucle.

Regardez le résultat :

```
Ici on commence le tour de : A
Lettre :  A
Nombre : 1
Lettre :  A
Nombre : 2
Lettre :  A
Nombre : 3
Ici on commence le tour de : B
Lettre :  B
Nombre : 1
Lettre :  B
Nombre : 2
Lettre :  B
Nombre : 3
Ici on commence le tour de : C
Lettre :  C
Nombre : 1
Lettre :  C
Nombre : 2
Lettre :  C
Nombre : 3
```

Bien sur pour bien faire, il aurait mieux valu que je les affiche comme ceci :

```python
for nombre in liste_nombres:

    print("Combinaison : ", lettre+str(nombre))
```

En concaténant chaque lettre avec chaque chiffre. Mais attention, il faut convertir le nombre en string (chaine de caractères) avec la fonction "str".

Résultat :

```
Ici on commence le tour de : A
Combinaison :   A1
Combinaison :   A2
Combinaison :   A3
Ici on commence le tour de : B
Combinaison :   B1
Combinaison :   B2
Combinaison :   B3
Ici on commence le tour de : C
Combinaison :   C1
Combinaison :   C2
Combinaison :   C3
```

Je vais reprendre cet exemple pour l'afficher un peu plus proprement. Je voudrais qu'il en résulte une liste de combinaisons comme nous l'avons vu mais aussi une liste de Tuples qui contient les combinaisons (un peu comme notre exemple sur la bataille navale que nous avons vu dans le chapitre sur les Dictionnaires).

Il me suffit pour commencer de rajouter une liste qui contiendra les combinaisons sous forme de chaines de caractères et une liste qui contiendra les combinaisons sous forme de Tuples.
Regardez :

```
464
465    liste_lettres = ["A", "B", "C"]
466
467    liste_nombres = [1, 2, 3]
468
469    liste_groupe = []
470
471    liste_de_tuple = []
472
473    for lettre in liste_lettres:
474
475        print("Ici on commence le tour de :", lettre)
476
477        for nombre in liste_nombres:
478
479            combi_courante = lettre+str(nombre)
480
481            print("Combinaison : ",combi_courante )
482
483            liste_groupe.append(combi_courante)
484
485            liste_de_tuple.append((lettre, nombre))
486
487    print("Ma liste groupée : ")
488
489    print(liste_groupe)
490
491    print("Ma Liste de Tuples : ")
492
493    print(liste_de_tuple)
```

Ligne 469 je crée la liste qui contiendra les combinaisons sous forme de chaines de caractères et ligne 471 je crée la liste qui contiendra les combinaisons sous forme de Tuple.

J'ai créé à la ligne 479 une variable qui contiendra la version concaténée sous forme de chaine de caractères de la combinaison actuelle. Je peux donc l'afficher dans un print à la ligne 481 et l'ajouter à la liste à la ligne 483 grâce à la méthode "append" que nous avons déjà vu pour ajouter des éléments à une liste.

J'ajoute à la ligne 485 à la liste des Tuples, un Tuple que je crée simplement en mettant lettre et nombre entre parenthèses et en les séparant d'une virgule. Et enfin, ligne 489 et 493, j'affiche mes deux listes.

Regardez le résultat :

```
Ici on commence le tour de : A
Combinaison :   A1
Combinaison :   A2
Combinaison :   A3
Ici on commence le tour de : B
Combinaison :   B1
Combinaison :   B2
Combinaison :   B3
Ici on commence le tour de : C
Combinaison :   C1
Combinaison :   C2
Combinaison :   C3
Ma liste groupée :
['A1', 'A2', 'A3', 'B1', 'B2', 'B3', 'C1', 'C2', 'C3']
Ma Liste de Tuples :
[('A', 1), ('A', 2), ('A', 3), ('B', 1), ('B', 2), ('B', 3),
```

Maintenant, un nouvel exemple de boucles imbriquées mais avec des ranges.

Regardez l'exemple, je vous le détaille ensuite :

```
250     for i in range(10, 40, 10):
251
252         print("Demarrage de la boucle des :", str(i))
253
254         for unite in range(i, i+10):
255
256             print("Le double de : "+str(unite)+" est : ", unite*2)
257
```

Je crée une première boucle qui parcourt les éléments d'un range qui vont de 10 à 39 (le dernier n'est jamais inclus) mais uniquement de 10 en 10 c'est à dire que j'aurai les éléments : 10, 20 et 30. Je les affiche à chaque tour de la première boucle à la ligne 252. Je précise que ces éléments : 10, 20 et 30 seront accessible via la variable "i" (dans la boucle for).

Ensuite une deuxième boucle est imbriquée dans la première, cette fois-ci les éléments de cette boucle seront accessibles via la variable que je nomme "unite". Mais regardez le range d'un peu plus près. Il est noté que le premier élément de cette boucle sera "i" et que le dernier sera i+10.

Avez-vous compris ce que cela signifie ? C'est simple (peut être pas la première fois). Ça veut dire que dans la première boucle i vaudra 10 au premier tour et que la deuxième boucle sera parcouru en intégralité avec les valeurs allant de i (10) à i+10 (19, puisque le dernier est exclu). Quand on arrivera à 19 et que la deuxième boucle sera terminée, on repartira pour le deuxième tour de la première boucle qui parcourra la deuxième en entier avec pour valeur i qui vaudra 20 jusqu'à i+10 (29).

Et quand elle arrivera à 19, on repartira dans la boucle 1 ou i vaudra 30 et il recommencera la deuxième boucle en allant de i à i+10 (de 30 à 39. Vous voyez qu'à chaque tour de la boucle imbriquée, j'affiche un print qui me multiplie le nombre par 2.

Regardez le résultat :

```
Demarrage de la boucle des : 10
Le double de : 10 est :   20
Le double de : 11 est :   22
Le double de : 12 est :   24
Le double de : 13 est :   26
Le double de : 14 est :   28
Le double de : 15 est :   30
Le double de : 16 est :   32
Le double de : 17 est :   34
Le double de : 18 est :   36
Le double de : 19 est :   38
Demarrage de la boucle des : 20
Le double de : 20 est :   40
Le double de : 21 est :   42
Le double de : 22 est :   44
Le double de : 23 est :   46
Le double de : 24 est :   48
Le double de : 25 est :   50
Le double de : 26 est :   52
Le double de : 27 est :   54
Le double de : 28 est :   56
Le double de : 29 est :   58
Demarrage de la boucle des : 30
Le double de : 30 est :   60
Le double de : 31 est :   62
Le double de : 32 est :   64
Le double de : 33 est :   66
Le double de : 34 est :   68
Le double de : 35 est :   70
Le double de : 36 est :   72
Le double de : 37 est :   74
Le double de : 38 est :   76
Le double de : 39 est :   78
```

Ce qu'il faut comprendre c'est que dans des boucles imbriquées, à chaque tour de la boucle principale on parcourt la boucle imbriquée en entier et on repart sur le tour suivant de la boucle principale ou on parcourt à nouveau la boucle imbriquée en entier et ainsi de suite jusqu'à ce que la boucle principale soit fini.

Passons maintenant aux compréhensions de listes.

7.3 Les compréhensions de listes

Les compréhensions de listes sont non seulement un raccourci mais aussi un moyen plus performant pour créer une boucle for. La syntaxe peut sembler déroutante pour un débutant mais si vous restez concentrés ça devrait aller.

Commençons cet exemple avec l'équivalent pour la boucle for, histoire que vous compreniez ce que je cherche à créer, ensuite la version "compréhension de listes" sera plus facile à assimiler.

Je crée une simple boucle for qui m'ajoute un à un les nombres de 0 à 9 dans une liste que je crée avant la boucle.

Regardez :

```
262    ma_liste = []
263
264    for x in range(10):
265        ma_liste.append(x)
266
267    print(ma_liste)
```

Résultat :

$$[0, 1, 2, 3, 4, 5, 6, 7, 8, 9]$$

Sans surprise. Maintenant je crée la même chose avec une compréhension de liste et je vous le détaille juste après :

```
270     ma_liste = [x for x in range(10)]
271
272     print(ma_liste)
273
```

Tout d'abord sachez qu'une compréhension de listes se crée entre crochets. Ensuite je pense qu'une bonne manière de vous expliquer son fonctionnement c'est de vous la faire lire à l'envers. On essaie comme ça :

Pour tout éléments de mon range(10) (donc les nombres 0 à 9) je veux que tu les nommes "x" dans cette boucle et qu'à chaque tour tu ne fasse rien sur x. Il faut savoir qu'une compréhension de liste s'écrit la plupart du temps pour être assignée à une variable (qui sera donc une liste). Je m'explique plus clairement :

Vous créez un nom de variable et vous lui donnez comme valeur la compréhension de listes puisque cette dernière renverra tous les éléments qu'elle aura traités sous forme de liste.

Regardez son résultat :

$$[0, 1, 2, 3, 4, 5, 6, 7, 8, 9]$$

Je trouvais déjà bizarre que se soit plus simple de vous l'expliquer en la lisant de droite à gauche, mais je me rends compte que c'est encore plus simple de vous l'expliquer si la formule de la compréhension de liste est plus compliqué.

Je vous le prouve avec l'exemple suivant :

```
280    carres = []
281    for i in range(1,11):
282        carres.append(i**2)
283
284    print(carres)
285
286    carres2 = [x**2 for x in range(1,11)]
287    print(carres2)
```

Je crée en premier la version en boucle for classique pour que vous compreniez mieux.

Je commence par créer une liste vide et ensuite je crée une boucle qui va prendre les valeurs de 1 à 10 et qui va les mettre au carré puis stoquer les résultats dans la liste. Une fois la boucle terminée, j'affiche la liste.

Je crée à la ligne 286 la même chose mais en version "compréhension de listes". Lisons-la de droite à gauche :

Pour tout élément de 1 à 10 que tu nommeras "x" à chaque tour de boucle, je veux que tu fasses x**2 (x puissance 2) et que tu l'envoies dans la liste "carres2".
Puis je l'affiche dans un print sur la ligne suivante.

Vous voyez que c'est beaucoup plus clair.

Regardez le résultat des deux listes :

```
[1, 4, 9, 16, 25, 36, 49, 64, 81, 100]
[1, 4, 9, 16, 25, 36, 49, 64, 81, 100]
```

C'est la même chose.

Nous ne sommes pas obligé d'utiliser un range pour faire une compréhension de listes, (sinon ça se nommerait surement compréhension de range). Je vais créer une liste (à partir d'un range, mais elle sera de type liste, c'est juste pour vous prouver que ça marche).

Je vais en profiter pour vous montrer l'utilisation des conditions dans une compréhension de listes. Les conditions vous connaissez mais dans les compréhensions de listes vous allez voir que c'est assez pratique pour filtrer les valeurs.

Regardez l'exemple, je vous le détaille ensuite :

```
295     nombres = list(range(100))
296     nombres_pairs10 = [n for n in nombres if n % 2 == 0 and n < 10]
297     print(nombres)
298     print(nombres_pairs10)
```

Je crée donc un range de 100 valeurs que je convertis en liste et que je stoque dans la variable nombres qui est maintenant de type "list".

Ensuite ligne 296, je crée une compréhension de listes dont le résultat (une liste) sera stoqué dans une variable que je nomme "nombres_pairs10".

Ensuite j'afficherai ma liste initiale (les valeurs de 0 à 99) et le résultat de la compréhension de liste.
Maintenant, voyons ce qu'elle fait cette compréhension de listes :

Je vous remets la compréhension de listes et je vous propose de la détailler petit à petit :

```
nombres_pairs10 = [n for n in nombres if n % 2 == 0 and n < 10]
```

Très bien. Une fois encore je vous propose de la lire de droite à gauche mais en la séparant en deux. Nous allons mettre la partie du if de côté dans un premier temps :

```
nombres_pairs10 = [n for n in nombres
```

Le if est de côté, lisons la compréhension de listes de droite à gauche pour mieux la comprendre. Donc : pour tous les éléments qui se trouvent dans la liste nommée "nombres", tu les nommeras "n" à chaque tour de boucle et tu stoqueras "n" (donc l'élément actuel) dans la liste nommée "nombres_pairs10".

En gros il va prendre tous les éléments de la liste et les envoyer dans la nouvelle liste. Sauf qu'il y a une condition (le IF), alors comment ça peut bien fonctionner ce truc-là ?

C'est simple. C'est toujours : "Tu envoies tous les éléments de la liste "nombres" dans la nouvelle liste". Du moins ça devient (à cause du IF) : Tu envoies tous les éléments de la liste "nombres" qui remplissent la condition du IF.

Très bien. Donc seul les éléments de la liste "nombres" qui remplieront les conditions du IF seront envoyés dans la nouvelle liste. Nous n'avons plus qu'à étudier ce IF pour savoir ce qu'il en est.

Le voici :

$$\text{if } n \% 2 == 0 \text{ and } n < 10]$$

Vous avez remarqué ? Il y a un "and" ce qui veut dire qu'il y a deux conditions qui doivent être respectées dans le IF pour que la condition soit vraie. Je vous propose de couper le IF en deux pour l'étudier :

$$\text{if } n \% 2 == 0$$

Donc la première partie du IF nous dit que "n" (qui correspond à tous les éléments de la liste tour à tour) Si ce nombre % 2 == 0 :
Si ce nombre modulo 2 est égal à 0, alors cette partie de la condition est vraie. Mais que veut dire un nombre modulo 2 égal 0 ?

C'est simple. Je vous avais dit que le modulo était le reste de la division, donc un nombre modulo 2 égal 0 veut dire : un nombre qui divisé par 2 à un reste égal à 0.

Et vous avez compris quels sont ces nombres ? Essayons avec quelques-uns :

6 % 2 == 0. Là c'est bon.
5 % 2 == 1. Pas bon.
4 % 2 == 0. Là c'est bon.
3 % 2 == 1. Pas bon.
2 % 2 == 0. Là c'est bon.

Vous avez compris ? Quand un nombre modulo 2 est égal à 0 c'est forcément un nombre pair.

Donc la première partie de notre IF nous dit que notre nombre doit impérativement être pair pour que la condition soit vraie. Mais attention il y a un "and" donc une deuxième partie de condition à respecter et celle-là est simple, il faut que le nombre soit plus petit que 10.

Je vous remets la compréhension de listes et je récapitule :

```
nombres_pairs10 = [n for n in nombres if n % 2 == 0 and n < 10]
```

Tu me prends tous les éléments de la liste "nombres" et tout ceux qui sont "pair et plus petit que 10" tu me les envoies dans la liste "nombres_pairs10".

Je vous remets la capture en entier :

```
nombres = list(range(100))
nombres_pairs10 = [n for n in nombres if n % 2 == 0 and n < 10]
print(nombres)
print(nombres_pairs10)
```

Regardez le résultat :

```
[0, 1, 2, 3, 4, 5, 6, 7, 8, 9, 10, 11, 12, 13, 14, 15, 16, 17, 18,
[0, 2, 4, 6, 8]
```

La première liste est tronquée. Je n'allais pas mettre les 99 valeurs….

Attaquons maintenant les compréhensions de listes imbriquées. Regardez d'abord l'exemple, je vous le détaille ensuite :

```
303    A = list(range(1,10))
304    B = ['A','B','C', 'D','E','F','G','H','I','J']
305
306    C = [(a, b) for a in A for b in B]
307    print(C)
```

Je crée une liste "A" qui contient les valeurs de 1 à 10. Puis une liste "B" qui contient les lettres de A à J et enfin je crée une liste C qui contiendra le résultat de la compréhension de listes imbriquées.

Détaillons-là :

Tout d'abord, on constate qu'il y aura deux valeurs qui seront retournées et que je convertis ces valeurs en Tuple (mettre des valeurs entre parenthèses convertit en Tuple) ensuite la compréhension nous dit :

De parcourir la liste A en nommant les éléments "a" à chaque tour de boucle et que dans chaque tour de la boucle A il faut faire une boucle sur la liste B (ou les variables seront nommées "b". Voilà pourquoi on renvoi a et b (c'est le nom qu'on leur a donné).

Voyons ce que ça donne :

```
[(1, 'A'), (1, 'B'), (1, 'C'), (1, 'D'), (1, 'E'), (1, 'F'), (1, 'G'), (1, 'H'), (1, 'I'), (1, 'J'), (2, 'A'),
```

Ok, on voit très mal alors je vais bidouiller pour vous l'afficher autrement mais chez vous ça sera sur une seule ligne.

Regardez :

```
(1, 'A')(1, 'B')(1, 'C')(1, 'D')(1, 'E')(1, 'F')(1, 'G')(1, 'H')(1, 'I')(1, 'J')
(2, 'A')(2, 'B')(2, 'C')(2, 'D')(2, 'E')(2, 'F')(2, 'G')(2, 'H')(2, 'I')(2, 'J')
(3, 'A')(3, 'B')(3, 'C')(3, 'D')(3, 'E')(3, 'F')(3, 'G')(3, 'H')(3, 'I')(3, 'J')
(4, 'A')(4, 'B')(4, 'C')(4, 'D')(4, 'E')(4, 'F')(4, 'G')(4, 'H')(4, 'I')(4, 'J')
(5, 'A')(5, 'B')(5, 'C')(5, 'D')(5, 'E')(5, 'F')(5, 'G')(5, 'H')(5, 'I')(5, 'J')
(6, 'A')(6, 'B')(6, 'C')(6, 'D')(6, 'E')(6, 'F')(6, 'G')(6, 'H')(6, 'I')(6, 'J')
(7, 'A')(7, 'B')(7, 'C')(7, 'D')(7, 'E')(7, 'F')(7, 'G')(7, 'H')(7, 'I')(7, 'J')
(8, 'A')(8, 'B')(8, 'C')(8, 'D')(8, 'E')(8, 'F')(8, 'G')(8, 'H')(8, 'I')(8, 'J')
(9, 'A')(9, 'B')(9, 'C')(9, 'D')(9, 'E')(9, 'F')(9, 'G')(9, 'H')(9, 'I')(9, 'J')
```

Nous avons toutes les combinaisons.

Testons une compréhension de listes qui contient des Tuples (notre liste C) et avec une condition pour corser les choses :

```
327     # Mettre au carré toutes les valeurs de I
328
329     D = [(a**2, b) for (a,b) in C if b == 'I']
330     print(D)
```

Sachez tout d'abord que notre liste ne contient pas des éléments uniques mais des Tuples de deux éléments chacun donc nous ne faisons pas :

For a in C
Puisque dans ce cas la nous accédons à un élément unique, mais nous faisons plutôt :

For (a,b) in C : qui veut dire grossièrement :
Parcourt les éléments de la liste C que tu nommeras (a,b) à chaque tour de boucle.

Que nous dit notre compréhension de liste ? Tout simplement qu'à chaque tour de boucle, elle prendra le premier élément de chaque Tuple (le nombre) et elle le mettra au carré. Mais attention, il y a un IF qui nous dit que la compréhension de listes fera ce traitement pour tous les éléments dont la variable b (le deuxième élément du Tuple) est égale à la lettre "I".

Ce qui en langage humain se traduit par :
Dans cette liste qui contient les combinaisons (nombre/lettre) je veux que tu me mettes tous les nombres qui sont associés à la lettre I au carré et que tu mes les renvoies dans la liste "D".

Résultat :

```
[(1, 'I'), (4, 'I'), (9, 'I'), (16, 'I'), (25, 'I'), (36, 'I'), (49, 'I'), (64, 'I'), (81, 'I')]
```

Toutes les combinaisons qui contiennent la lettre I ont leur nombre qui a été mis au carré et stoqué dans la liste "D" que j'ai affiché ensuite.

Voilà, ce gros chapitre est terminé. Vous devriez vous entraîner sinon vous n'allez pas suivre longtemps. Dans le prochain chapitre nous allons (enfin) parler des fonctions.

8. Les fonctions

8.1 Créer une fonction

Créer notre propre fonction, voir ce que sont les arguments, les arguments nommés et aussi les fonctions avec un nombre indéfini d'arguments.

8.2 Les fonctions natives

Quelques exemples de fonctions natives en Python.

8.3 Plus loin avec les fonctions

Montrer quelques astuces sur les fonctions.

Les fonctions sont quelques choses de non seulement indispensable en programmation, mais aussi très pratique. Imaginez, vous créez un code d'une trentaine ou quarantaine de lignes que vous devez réutiliser plusieurs fois dans votre programme. Pensez-vous que vous allez devoir recopier ce code ou même faire copier / coller à chaque fois ? Bien sur que non, car c'est là que les fonctions rentrent en jeu. Votre code sera englobé dans une partie séparée de votre programme et aura un nom (comme une variable). Et la seule chose que vous aurez à faire pour réutiliser ce code c'est d'appeler la fonction par son nom.

8.1 Créer une fonction

Nous allons enfin apprendre à créer nos propres fonctions et pouvoir gagner un temps considérable dans la conception de nos programmes.

On crée une fonction en écrivant : def, suivi du nom que l'on souhaite lui donner, suivi de parenthèses qui recevrons le nom des arguments (si la fonction en reçoit). Puis les deux points (qui signifient que le code à l'intérieur devra entre indenté). Enfin à l'intérieur il y aura votre code. Celui que la fonction devra exécuter à chaque fois que vous l'appelez. Pour les noms de fonctions, les mêmes règles que les variables s'appliquent.

Très bien, voyons un exemple sans plus tarder :

```
def Addition(a, b):
    print(a + b)


Addition(10, 20)
```

J'ai écrit "def" qui signifie que c'est la définition d'une fonction, suivi du nom que je donne à ma fonction (ici : Addition) puis les parenthèses avec à l'intérieur les arguments (qui sont les variables ou autres types d'objets que vous enverrez à votre fonction pour travailler avec), les arguments dans une fonction doivent être séparés par une virgule.

Ici la fonction en recevra 2, que j'ai nommé : "a" et "b" mais sachez (pour faire simple) que c'est le même principe que pour la boucle "for", les noms que je donne aux arguments seront des noms qui feront référence (c'est le terme exact) à vos objets à l'intérieur de la fonction.

Après les parenthèses il ne faut pas oublier les deux points et nous comprenons alors que le code en dessous sera indenté (ce qui est logique puisqu'il appartient à la fonction).

En ce qui concerne le code de ma fonction, je me contente ici de faire un print de la somme des deux variables qu'elle reçoit en arguments.

Quand à la dernière ligne de la capture précédente, celle qui n'est pas indentée avec le code de la fonction, elle s'exécute dans le déroulement normal du code et il s'agit de l'appel de la fonction pour pouvoir l'utiliser et vous voyez qu'elle reçoit en arguments les valeurs 10 et 20, vous comprenez donc ce qu'elle va en faire.

Regardez :

```
30
```

Comme prévu elle a affichée leur somme.

Regardons ce qu'il se passe si la fonction tente d'accéder à une valeur qui est en dehors de son code pour réaliser une opération dessus :

```
c = 12

def Addition(a, b):
    print(a + b +c)

Addition(10, 20)
```

Ici la variable "c" est déclarée à l'extérieur de la fonction qui tente tout de même de réaliser une opération dessus.

Regardons le résultat :

42

La fonction reçoit en argument les valeurs 10 et 20 pour les additionner avec la variable "c" qui correspond à la valeur 12, mais qui ne se trouve pas dans la fonction et le résultat est 42 (10+20+12). La fonction peut donc accéder à une valeur qui ne se trouve pas à l'intérieur de son propre code.

Maintenant regardons ce qu'il se passerait si la fonction tentait d'accéder à une variable "c" qu'elle possède déjà (ce qui ne devrait pas être une surprise).

Mais aussi comment réagirait une fonction qui tente d'accéder à une variable qu'elle possède mais qui a une valeur différente à l'extérieur de son code (ce qui déjà est plus compliqué à assimiler).

Regardez :

```python
def Addition(a, b):
    c = 50
    print(a + b + c)

Addition(10, 20)
```

Le résultat de celle-là ne devrait pas vous étonner, regardez :

80

En effet, 10 + 20 + 50 = 80. Mais continuons avec cet exemple :

```python
c = 12

def Addition(a, b):
    c = 50
    print(a + b + c)

Addition(10, 20)
```

Alors ? A votre avis ? Pas facile hein ? Regardez :

80

La variable "c" est créée à l'extérieur de la fonction et une valeur lui est assignée, mais une autre valeur lui est donnée à l'intérieur de la fonction.

Il est normal qu'elle utilise la valeur qui lui est donnée à l'intérieur d'elle-même car une fonction va d'abord chercher une variable dans son propre scope (c'est le terme exact) mais si elle n'existe pas elle ira la chercher dans le scope supérieur c'est à dire dans le code du module courant (on verra ces termes plus tard).

Sachez qu'en Python les fonctions sont polymorphes. Pour faire simple, ce n'est pas parce que je vous ai montré la fonction avec des nombres entiers qu'elle ne peut additionner que ça.

Ce que l'on sait c'est qu'elle joint deux valeurs avec le signe +, mais vous savez aussi que l'on peut utiliser ce signe + sur des chaines de caractères (ça se nomme : concaténation). Notre fonction pourrait donc très bien faire une opération comme celle-ci :

```python
def Addition(a, b):
    print(a + b)

Addition("Julien", "Faujanet")
```

Ce qui aurait pour résultat :

176

JulienFaujanet

Une fonction renvoie toujours quelque chose (même si vous ne lui faîtes rien renvoyer). Pour faire renvoyer une valeur à une fonction vous devez lui préciser la valeur à retourner avec le mot-clé return, suivi de la valeur que vous voulez qu'elle renvoie.

Comme ceci :

```
def Doubler(a):
    return 2*a

x = Doubler(10)
print(x)
```

J'ai une fonction que j'ai nommée "Doubler" et qui prend une valeur en argument. Dans son code elle se contente de faire :
"return 2*a", ce qui veut dire : multiplie la valeur que tu as reçu en argument par 2 et renvoie-là.

Ensuite dans le code, je fais appel à la fonction Doubler et je lui donne 10 en argument, mais le plus étonnant c'est que je stoque la fonction dans une variable que j'ai nommé "x".

C'est en général (dans la plupart des cas) comme cela que l'on récupérera la valeur que renvoie une fonction.

Donc la variable "x" aura pour valeur la valeur de retour de notre fonction et comme notre fonction retourne le double de la valeur qu'elle reçoit en argument, notre variable "x" vaudra 20.

Regardez :

```
20
```

Regardons un autre exemple sur le même principe :

```
def Doubler(a):
    return 2*a

x = 40
x = Doubler(x)
print(x)
```

J'ai recréé le même principe sauf que cette fois-ci j'ai d'abord créé la variable x que j'ai directement envoyé à la fonction et stoqué à nouveau la valeur de retour dans x.

Résultat :

```
80
```

Allons plus en profondeur avec les arguments. Regardez l'exemple suivant :

```python
def Personne(prenom, nom, tel):
    print("Prenom : ", prenom)
    print("Nom : ", nom)
    print("Tel : ", tel)


Personne("Julien", "Faujanet", "0712345678")
```

Facile à comprendre, j'ai 3 arguments, prenom, nom et tel dans une fonction que j'ai nommé : Personne et quand j'appelle la fonction je lui donne 3 valeurs dans l'ordre. Le code de la fonction se contente d'afficher les valeurs dans des prints.

Résultat :

```
Prenom :  Julien
Nom :  Faujanet
Tel :  0712345678
```

Vous devez renseignez les arguments dans l'ordre pour que le code fonctionne. SI vous avez besoin de les renseigner dans le désordre, ou que vous avez oublié l'ordre, la solution consiste à les nommer quand vous faîtes appel à la fonction.

Comme ceci :

```
def Personne(prenom, nom, tel):
    print("Prenom : ", prenom)
    print("Nom : ", nom)
    print("Tel : ", tel)


Personne(nom="Faujanet", tel="0712345678",prenom="Julien")
```

Je renseigne un des arguments au hasard (mon nom) en nommant l'argument du même nom que j'ai donné dans la déclaration de la fonction, suivi du signe =, puis de sa valeur et je fais pareil pour les autres arguments.

Le résultat de la fonction est le même :

```
Prenom :  Julien
Nom :  Faujanet
Tel :  0712345678
```

Vous n'êtes pas obligé de renseigner tous les arguments, mais pour cela, si vous désirez en omettre un vous devrez faire en sorte qu'il soit optionnel quand vous créerez votre fonction.

Regardez l'exemple :

```python
def Personne(prenom, nom, tel=""):
    print("Prenom : ", prenom)
    print("Nom : ", nom)
    print("Tel : ", tel)


Personne(nom="Faujanet", prenom="Julien")
```

Pour rendre une argument optionnel (ou facultatif) vous devez lui assigner une valeur avec le signe = dans la déclaration de la fonction.

Quand j'utilise la fonction dans l'exemple vous voyez que je ne renseigne que le nom et le prénom, puisque j'ai rendu l'argument "tel" optionnel.

ATTENTION : Notez que les arguments facultatifs doivent se trouver à la fin dans la déclaration de la fonction, sinon ça ne marchera pas et vous aurez droit à une erreur.

Regardez le résultat :

```
Prenom :  Julien
Nom :  Faujanet
Tel :
```

Bien entendu j'aurais pu lui donner une autre valeur plutôt qu'une valeur nulle. Ce que je fais sur l'exemple suivant.

```
def Personne(prenom, nom, tel="Pas de Tel"):
    print("Prenom : ", prenom)
    print("Nom : ", nom)
    print("Tel : ", tel)


Personne(nom="Faujanet", prenom="Julien")
```

J'ai donné la valeur par défaut : "Pas de Tel" sur l'argument "tel", maintenant quand j'utilise la fonction et que je ne renseigne pas la valeur de l'argument "tel" le résultat est :

```
Prenom :  Julien
Nom :  Faujanet
Tel :  Pas de Tel
```

Mais j'aurais tout de même pu lui renseigner une valeur à cet argument "tel" et dans ce cas-là, c'est la valeur que j'aurais donnée qui se serait affichée.

Voyons à présent comment faire quand notre fonction doit prendre un nombre indéterminé d'arguments. Mais là vous allez être tentés de me dire :

"Attends mais, tu crées une fonction et tu ne sais pas combien d'arguments elle prend ? Tu ne sais pas ce que tu fais en fait ?"
Je vais donc, dans un premier temps vous expliquer le concept puis ensuite je vous montrerai un exemple concret de ce type d'utilisation.

Pour créer une fonction qui prend un nombre indéfini d'arguments nous devons faire précéder le signe * (étoile) d'un argument. Comme sur l'exemple :

```python
def Somme(*a):
    print(a)

Somme(15,20,30,50,100)
```

Je crée dans cet exemple une fonction somme et je lui donne en argument "a" précédé d'une étoile. Ce qui veut dire : Il y aura un nombre indéfini d'argument et il seront référencés par la variable "a" à l'intérieur de la fonction. Cette fonction se contente de les afficher dans un print et j'utilise ensuite la fonction pour lui donner en argument les valeurs : 15, 20, 30, 50, 100.

Regardons le résultat :

```
(15, 20, 30, 50, 100)
```

La variable qui fait référence à un nombre indéfini d'argument grâce au signe étoile, regroupe toutes les valeurs dans un Tuple. Pour vous en convaincre (essayez d'avoir ce reflexe) je vais recréer la même fonction mais au lieu d'afficher les valeur je vais utiliser la fonction "type" sur notre variable "a" et l'afficher dans un print pour connaître le type de cette variable qui fait référence à notre groupe d'arguments de taille indéfini.

Regardez :

```
def Somme(*a):
    print(type(a))

Somme(15,20,30,50,100)
```

Et le type est :

```
<class 'tuple'>
```

Un Tuple. Maintenant, réalisons un exemple concret.

Mais avant toute chose je dois vous dire qu'il y a une convention en Python qui dit que le nombre indéfini d'arguments ne doit pas être nommé n'importe comment. Nous l'avons nommé *a sans nous en soucier mais en réalité il faut le nommer : *args (étoile + le mot réservé : args).

Dans l'exemple qui va suivre, nous allons créer une fonction qui va récupérer les notes d'un élève pour calculer sa moyenne. Nous nommerons cette fonction : "Moyenne" et elle prendra un nombre indéfini d'arguments. Elle attendra donc un argument : *args. Elle fera la somme de toutes les valeurs et elle divisera par le nombre de notes qu'elle aura reçu.

Regardez :

```
694     def Moyenne(*args):
695         total = 0
696         moyenne = 0
697         print("Les notes sont : ",args)
698
699         for x in args:
700             total+=x
701
702         print("Le Total des notes est de :", total)
703         moyenne = total / len(args)
704         print("La Moyenne est de :", moyenne)
705
706
707
708     Moyenne(15,20,18,14,10,12)
```

Je commence par créer une variable nommé "total" qui stoquera la somme totale des notes ainsi qu'une variable "moyenne" même si cette dernière n'est pas obligatoire.

J'affiche à la ligne 697 un print qui dit : "Les notes sont" suivi de "arg" qui n'est autre que la liste des notes (ou plutôt du Tuple pour être exact). Ligne 699 et c'est sans aucun doute le plus intéressant de la fonction, je fais une boucle "for" qui va parcourir l'argument arg (qui contient toutes nos notes) car oui, les boucles "for" se font sur les séquences et un Tuple est une séquence au même titre qu'un "range" ou une liste. Nous référencerons à chaque tour de boucle la note courante par la variable "x".

La ligne 700 est une instruction que vous devez comprendre et connaître par cœur car c'est vraiment quelque chose de très courant et utile dans le maniement des boucles. Nous avons déjà parlé de la notation +=. En réalité total+=x veut dire :
"total = total +x" et nous faisons ça à chaque tour de boucle. Faisons le manuellement pour comprendre.

Au premier tour de la boucle la note (qui sera référencée dans la variable "x") sera 15 (ce sont les notes que j'ai donné à la fonction ligne 708) donc l'instruction total+=x sera :

"total = total +x" donc vu que pour le moment total = 0: 0 +15.
Maintenant total est donc égal à 15 et au deuxième tour de boucle "x" représentera la deuxième note (qui est 20). L'instruction :

"total = total +x", sera : total(15)=total+20 donc 35. Au troisième tour la note sera 18 et total est maintenant égal à 35 donc : 35+18, total sera égal à 53 et ainsi de suite.

Quand la boucle "for" sera fini (quand elle aura passée toutes les notes dans la variable total, le code passera à la ligne 702 qui est un print qui affichera le total des notes.

Puis à la ligne 703, la valeur de total sera divisé par le nombre de notes pour stoquer la valeur dans la variable "moyenne". Regardez bien cette ligne comment j'obtiens le nombre de notes :

j'utilise la fonction len (qui est une fonction qui renvoie la taille de l'objet que l'on lui donne en argument) et je lui donne en argument le "args" qui est le Tuple qui contient toutes les notes (qui contient 6 valeurs, donc total est divisé par 6). Et enfin, ligne 704, j'affiche un print avec la moyenne.

Bien sur, ligne 708 est celle ou j'utilise la fonction (sinon elle ne se lancerait jamais) et je lui donne les notes à calculer pour la moyenne.

Regardez le résultat :

```
Les notes sont :  (15, 20, 18, 14, 10, 12)
Le Total des notes est de : 89
La Moyenne est de : 14.833333333333334
```

La moyenne est donc de : 14.83

Nous avons vu *args, mais il existe aussi **kwargs (avec 2 étoiles) qui est utilisé pour les arguments nommés. Nous nous en servirons pour renseigner un nombre indéfini d'arguments nommés.

Regardez l'exemple, je vous le détaille ensuite :

```python
782    def Moyenne(**kwargs):
783        for eleve in kwargs.items():
784            etoiles = "*" *20
785            print(etoiles + eleve[0] + etoiles)
786            total = 0
787            moyenne = 0
788            print("Notes de :",eleve[0]+ " : ",eleve[1])
789
790            for x in eleve[1]:
791                total+=x
792
793            print("Le Total des notes est de :", total)
794            moyenne = total / len(eleve[1])
795            print("La Moyenne est de :", moyenne)
796            print("\n" + "*"*50 + "\n")
797
798
799
800    Moyenne(Julien=[15,20,18,14,10,12],
801            Lily=[14,20,19,10,11,14],
802            Tom=[16, 20, 16, 12, 13, 11],
803            Emma=[19, 18, 17, 11, 10, 10])
```

Dans cet exemple, je reprends notre fonction "Moyenne" étudiée plus haut, du moins j'en reprends le concept car je l'ai pas mal modifié pour qu'elle puisse nous permettre de comprendre l'utilisation de kwargs. Retenez que kwargs (que nous passons en argument à notre nouvelle fonction Moyenne) s'utilise avec deux étoiles. Ce qui va nous permettre d'envoyer un nombre non défini d'arguments nommés.

Commençons par voir ce que sont les arguments nommés. Ça ne sera pas long car en réalité nous les avons déjà vu, dans la fonction qui attendait le prénom, le nom et le numéro de téléphone. J'avais nommé les arguments pour les envoyer dans l'ordre que je voulais à la fonction. C'est la même chose ici sauf que je peux en envoyer un nombre non défini à l'avance.

Pour le moment, je comprends que ça puisse vous laisser perplexe car vous ne voyez pas très bien l'intérêt mais vous allez voir qu'avec l'exemple que je vous ai montré, vous comprendrez vite le principe et l'intérêt. Notre fonction Moyenne prendra en arguments nommés des prénoms comme noms d'arguments (qui feront références à des élèves) et des listes de notes comme valeurs et elle calculera la moyenne pour chacun des élèves.

Commencez par regarder la ligne 800 de la capture précédente pour voir la structure des arguments que j'envoie à la fonction. On voit très clairement que les arguments sont des listes qui sont nommées par des prénoms d'élèves (Ne soyez pas perturbés, je suis allé à la ligne après chaque élève pour plus de clarté sur la capture).

Regardons le code de la fonction à présent. Je commence par une boucle "for" qui va boucler sur la séquence kwargs.items(). Qu'est ce que cela signifie ? C'est simple, kwargs fait référence à nos arguments et la méthode items les récupère sous la forme :

```
dict_items([('Julien', [15, 20, 18, 14, 10, 12]), ('Lily', [14, 20, 19, 10, 11, 14]),
```

On ne voit pas très bien sur la capture et on ne peut pas la voir en entier alors je vais vous le reformater convenablement. Regardez :

188

```
('Julien', [15, 20, 18, 14, 10, 12])

('Lily', [14, 20, 19, 10, 11, 14])

('Tom', [16, 20, 16, 12, 13, 11])

('Emma', [19, 18, 17, 11, 10, 10])
```

Donc kwargs.items() nous permet d'avoir accès à nos arguments sous forme de liste qui contient des Tuples, qui eux-mêmes contiennent deux éléments chacun. Le premier étant le nom de l'argument et le deuxième étant la valeur correspondante, soit à savoir, les notes. Ce qui signifie que la boucle "for" sur cette séquence stoquera à chaque tour de boucle la valeur dans la variable élève qui sera égale à :

```
('Julien', [15, 20, 18, 14, 10, 12])
```

Au tour 1 puis :

```
('Lily', [14, 20, 19, 10, 11, 14])
```

Au tour 2 etc.

Donc pour récupérer la valeur 'Julien' (au tour 1) il faudra faire :
eleve[0] et pour récupérer sa liste de note il faudra faire : eleve[1]. Pour chacun des élèves à chaque tour de boucle.

Je crée à la ligne 784 une étoile fois 20 que je stoque dans une variable que je nomme "étoiles" simplement pour avoir sous la main une ligne d'étoiles sans avoir à les taper à la main à chaque fois que j'en ai besoin.

```
etoiles = "*" *20
print(etoiles + eleve[0] + etoiles)
```

En le concaténant avec la valeur eleve[0] à chaque tour de boucle pour avoir un effet comme ceci à chaque élève :

```
************************Lily************************
```

Bon là je le montre avec Lily mais le premier tour de boucle c'est Julien, alors n'en soyez pas perturbé. Ensuite j'affiche le nom de l'élève ainsi que ses notes en faisant : eleve[0] pour son nom et eleve[1] pour ses notes. Comme ceci :

```
print("Notes de :",eleve[0]+ " : ",eleve[1])
```

Ce qui affichera à chaque tour :

```
Notes de : Julien :  [15, 20, 18, 14, 10, 12]
```

Avec le nom et les notes de l'élève correspondant. Nous arrivons ensuite sur la boucle "for" qui au lieu de boucler sur args comme nous l'avons fait tout à l'heure, bouclera sur eleve[1] qui, à chaque tour correspondra aux notes de l'élève correspondant.

Regardez :

```
for x in eleve[1]:
    total+=x
```

Ce qui nous fait, vous l'aurez compris, une boucle imbriquée. Ensuite, la fonction len qui calcule le nombre de note pour la division se fait sur eleve[1] qui prendra le nombre d'élément que contient chaque liste de notes (ce qui est inutile dans notre exemple vu que j'ai mis le même nombre de notes à chacun).

```python
moyenne = total / len(eleve[1])
print("La Moyenne est de :", moyenne)
print("\n" + "*"*50 + "\n")
```

Et pour finir, la ligne avec le print qui affiche un "\n" retour à la ligne, puis 50 fois étoile et encore un retour à la ligne, c'est juste pour rendre le résultat plus beau. En parlant de résultat, regardez ce que ça donne :

```
*********************Julien*********************
Notes de : Julien :  [15, 20, 18, 14, 10, 12]
Le Total des notes est de : 89
La Moyenne est de : 14.833333333333334

**************************************************

*********************Lily*********************
Notes de : Lily :  [14, 20, 19, 10, 11, 14]
Le Total des notes est de : 88
La Moyenne est de : 14.666666666666666

**************************************************

*********************Tom*********************
Notes de : Tom :  [16, 20, 16, 12, 13, 11]
Le Total des notes est de : 88
La Moyenne est de : 14.666666666666666

**************************************************

*********************Emma*********************
Notes de : Emma :  [19, 18, 17, 11, 10, 10]
Le Total des notes est de : 85
La Moyenne est de : 14.166666666666666

**************************************************
```

8.2 Les fonctions natives

Étudions à présent quelques fonctions natives (ou plutôt quelques arguments) de Python (bien qu'un chapitre sera plus ou moins consacré au sujet, je voudrais vous montrer deux ou trois petites astuces ici).

Commençons par print. Vous allez me dire que vous connaissez la fonction print et que ce n'est pas la peine de lire ce qui va suivre. Là vous avez tord. Je vais vous montrer sa définition ou du moins ce qu'elle attend en arguments.

Regardez :

```python
def print(self, *args, sep=' ', end='\n', file=None): # known special case
    """
    print(value, ..., sep=' ', end='\n', file=sys.stdout, flush=False)

    Prints the values to a stream, or to sys.stdout by default.
    Optional keyword arguments:
    file:  a file-like object (stream); defaults to the current sys.stdout.
    sep:   string inserted between values, default a space.
    end:   string appended after the last value, default a newline.
    flush: whether to forcibly flush the stream.
    """
```

Ceci est la signature (la définition) de la fonction print dans le code source de Python. Voyez ça comme une documentation pour le moment. Nous voyons donc les arguments que la fonction print attend et je vous demande dans un premier temps d'ignorer totalement l'argument self (nous le verrons dans le chapitre suivant sur la programmation orientée objet). Il y a donc les arguments *args (que nous connaissons bien maintenant) qui nous montre donc que la fonction print attend un nombre non défini d'arguments.

Ensuite nous avons des arguments optionnels. Tout d'abord sep, qui par défaut prend un espace comme valeur. Cet argument, vous l'aurez peut être compris, défini comment seront séparés les arguments s'il y en a plusieurs. Regardez un exemple :

```
Homme01="Julien"
Femme01="Lily"
Homme02="Tom"
Femme02="Emma"

print(Homme01,Femme01,Homme02,Femme02, sep='+')
```

Je crée plusieurs valeurs que je stoque dans des variables (elles sont bidons c'est juste pour l'exemple) ensuite je les mets dans un print, séparés par des virgules et je renseigne l'argument nommé "sep" en lui donnant comme valeur '+'.

Regardez le résultat :

```
Julien+Lily+Tom+Emma
```

Bien sur je ne suis pas limité à un seul caractère pour la séparation, regardez :

```
print(Homme01,Femme01,Homme02,Femme02, sep='+++++++')
```

Résultat :

```
Julien+++++++Lily+++++++Tom+++++++Emma
```

Ou encore :

```
print(Homme01,Femme01,Homme02,Femme02, sep='\n\t')
```

les caractères '\n' et '\t' sont respectivement : un retour à la ligne et une tabulation.

Résultat :

```
Julien
       Lily
       Tom
       Emma
```

Passons à l'argument nommé 'end' qui ajoute un caractère ou une chaine de caractères à la fin du print.

Puisque nous sommes dans le chapitre sur les fonctions, pourquoi ne pas en créer une qui va ajouter une tabulation supplémentaire après chaque argument ? C'est simple, il suffit de rajouter une tabulation en plus que pour l'argument précédent.

Regardez :

```python
def IndentCreation(*args):

    tabulations=''
    for x in args:
        tabulations+='\t'
        print(x, end='\n'+tabulations)


IndentCreation(Homme01,Femme01,Homme02,Femme02)
```

La fonction prend bien sur un nombre indéfini d'arguments et je crée une variable vide qui va stoquer une tabulation de plus à chaque tour de boucle.

Ensuite je fais ma boucle "for" sur les args et je rajoute un '\t' dans la variable "tabulations" à chaque tour de boucle et je fais un print de l'argument courant en lui donnant comme argument 'end' '\n' pour aller à la ligne à chaque fois et je rajoute la variable tabulations, qui en contiendra une puis deux puis trois etc.

Je finis par appeler ma fonction avec toutes mes valeurs.

Regardez :

```
Julien
        Lily
                Tom
                        Emma
```

Pour l'exemple suivant je n'ai plus besoin de la fonction mais puisqu'elle est crée et que mes valeurs sont déjà dedans, je la garde. Je vais simplement ajouter une nouvelle ligne avec un message entre-elles.

Regardez :

```
def IndentCreation(*args):

    for x in args:
        print(x, end="\n [ La ligne est finie ] \n")


IndentCreation(Homme01,Femme01,Homme02,Femme02)
```

Et le résultat :

```
            Julien
             [ La ligne est finie ]
            Lily
             [ La ligne est finie ]
            Tom
             [ La ligne est finie ]
            Emma
             [ La ligne est finie ]
```

Passons à Input.
La fonction "input" permet de récupérer les entrées de l'utilisateur (du clavier).

196

Regardez :

```
mon_prenom = input("Quel est votre prénom ?")

print("Votre prénom est : ",mon_prenom)
```

L'argument qu'elle prend n'est pas obligatoire, vous pouvez très bien ne rien mettre et afficher le message dans un print de manière classique et de récupérer ensuite la valeur que l'utilisateur a tapé dans une variable comme je l'ai fait dans l'exemple.

Regardez le résultat :

```
Quel est votre prénom ?Julien
Votre prénom est :  Julien
```

8.3 Plus loin avec les fonctions

Une fonction peut avoir plusieurs "return" mais un seul sera utilisé. Ce qui est logique vu que le return est utilisé pour sortir de la fonction en retournant une valeur.

Regardez l'exemple :

```
848    def AfficherFilms(categorie):
849        if categorie == "Comedie":
850            return ["The Mask", "Ace Ventura", "American Pie"]
851
852        elif categorie == "Horreur":
853            return ["Scream", "Scream 2", "Halloween"]
854
855        elif categorie == "Animé":
856            return ["Aladdin", "Toy Story", "Le roi lion"]
857
858
859    MesFilmsPreferes = AfficherFilms("Comedie")
860
861    print("Mes films préférés : ", MesFilmsPreferes)
862
```

Je crée une fonction qui prend en argument une catégorie de films sous forme de chaine de caractères et qui l'analyse dans une condition. La condition qui correspond au type de films renverra la liste correspondante et le code se situant en dessous ne sera pas exécuté puisque le "return" provoquera la sortie de la fonction.

Regardez le résultat :

```
Mes films préférés :  ['The Mask', 'Ace Ventura', 'American Pie']
```

Quelque chose à savoir c'est qu'en Python une fonction renvoie toujours une valeur même si elle n'a pas d'instruction "return". Soit vous lui donnez un return et la valeur de retour sera celui-ci, soit vous ne lui en renseignez aucun et la valeur de retour sera :

None (qui est une valeur nulle).

Faisons un essai :

```
def DireBonjour():
    print("Bonjour")

bonjour = DireBonjour()
```

Exemple classique qui produira le résultat attendu :

```
Bonjour
```

Regardons ce que la fonction a stoquée dans notre variable "bonjour" :

```
print(bonjour)
```

Résultat :

```
None
```

Voilà.

Voyons maintenant une manière très intéressante de commenter nos fonctions. Quand vous écrivez la définissions de votre fonction (si vous êtes sous PyCharm ou un IDE qui bénéficie de l'auto-complétion) au moment ou vous tapez entrée (après les deux points) tapez trois guillemets double et tapez entrée à nouveau.

Vous verrez quelque chose comme sur la capture suivante :

199

```python
def DireBonjour(formule):
    """

    :param formule:
    :return:
    """
```

C'est un Template (un modèle) qui vous permet de renseigner les informations qui permettrons aux utilisateurs (ou à vous-même) de comprendre comment marche votre fonction.

En général on écrit sur la première ligne, (celle qui est vide) une courte description de la fonction et ensuite il suffit de remplir les champs que l'auto-complétion nous a répertoriés.

Le ou les champs "param" afficheront les arguments suivis de deux points. C'est la que vous noterez les détails sur chacun de vos arguments. Quant au return, vous marquerez (après les deux points) qu'elle sera la valeur de retour de votre fonction.

Regarde mon Template :

```python
def DireBonjour(formule):
    """
    Fonction qui dit bonjour
    :param formule: argument pour la
    formule de politesse
    :return: ne retourne rien
    """

    print("Bonjour", formule)

DireBonjour("Monsieur")
```

C'est une fonction basique et sans intérêt je ne la détaille pas. Voici le résultat qu'elle produit :

```
Bonjour Monsieur
```

Mais ce qui nous intéresse c'est la fonction qui va nous permettre d'afficher le descriptif d'une fonction et cette fonction c'est la fonction help qui prend en argument notre fonction.

Regardez :

```
help(DireBonjour)
```

Le résultat :

```
Bonjour Monsieur
Help on function DireBonjour in module __main__:

DireBonjour(formule)
    Fonction qui dit bonjour
    :param formule: argument pour la
    formule de politesse
    :return: ne retourne rien
```

Voilà, nous pouvons afficher le descriptif d'une fonction Python mais surtout nous avons vu comment les décrire pour se souvenir de leur fonctionnement plus tard.

9. La programmation orientée objet

9.1 La programmation orientée objet, explications

Expliquer la programmation orientée objet, son utilité, son fonctionnement.

9.2 Première classe

Créer notre première classe avec les attributs et méthodes nécessaires à son fonctionnement.

9.3 Héritages

Expliquer ce qu'est l'héritage de classe et montrer quelques exemples concrets.

Nous attaquons un chapitre assez compliqué, mais aussi extrêmement important dans le domaine de la programmation. A partir de maintenant nous parlerons d'objets, de classes, d'attributs, de méthodes. Vous avez d'ailleurs rencontré la plupart de ces termes dans cet ouvrage et peut être que certains d'entre-eux vous ont semblés assez flou, mais tout devrait être plus clair à partir de maintenant.

Nous ne pourrons pas aborder tous les concepts de la programmation orientée objet dans un seul chapitre car c'est un domaine beaucoup trop vaste, mais vous aurez compris l'essentiel.

9.1 La programmation orientée objet, explications

La métaphore la plus réaliste en ce qui concerne la programmation orientée objet est celle qui consiste à comparer les classes à des moules et les objets aux objets qui en sortent.

Une classe est un moule dans lequel vos objets seront créés et ce moule c'est vous (si vous êtes le créateur de la classe) qui allez le créer. Et au même titre que les objets sortant des moules, ils auront la même structure mais auront des différences en fonctions des besoins de celui qui crée l'objet. Bon là j'avoue que ça pourrait être plus clair. Je vous donne un exemple :

Quand une usine fabrique des voitures, elle ne fait pas toutes les mêmes. Il y aura une couleur différente, le type de moteur (essence, diesel) et même les options (GPS, alarme etc...). C'est la même chose en programmation. Vous allez avoir la même structure et à la création de l'objet vous allez choisir les paramètres que vous voulez pour votre objet (Comme pour les fonctions).

On peut par exemple imaginer une classe fenêtre qui permettrait de créer un objet qui ouvrirait une fenêtre après avoir, à la création de l'objet, renseigné quelques paramètres comme : sa taille (largeur, hauteur), ses boutons, ses menus etc...

Voyons maintenant comment définir une classe.

9.2 Première classe

Une classe se crée en utilisant le mot-clé : class, suivi du nom que vous donnez à votre classe, puis si votre classe en hérite d'une autre, viennent les parenthèses qui englobent le nom de la classe dont votre classe hérite. Nous parlerons de l'héritage un peu plus bas. Puis enfin viennent les deux points qui signifient que le code qui suit va devoir entre indenté.

Regardez l'exemple :

```
720    class Personne:
721        """ Classe qui définit une personne """
722
723
724
725
726
727    Julien = Personne()
728    print(Julien)
```

Résultat :

```
<__main__.Personne object at 0x1045cf7f0>
```

Explications :

Tout d'abord, je crée la classe avec le mot-clé : class, à la ligne 720. Je tape le nom de ma classe (Une convention veut que le nom des classes commencent par une majuscule).

Ensuite, les deux points. Le code qui suivra sera donc indenté. Il y a une chaine de caractères à la ligne 721 qui est en quelque sorte une explication sur l'utilisation de la classe.

Cette chaine sera accessible dans la documentation de la classe. Vous pouvez aussi le faire pour les fonctions nous l'avons vu.

Ensuite le code n'est plus indenté donc nous ne sommes plus dans la classe. Je crée un objet de la classe Personne à la ligne 727, que j'appelle Julien.

Vous remarquerez que la création d'un objet est très simple. On donne un nom (comme une variable) et on lui donne comme valeur, le nom de la classe suivi des parenthèses (Toujours. Même s'il n'y a pas de paramètres à renseigner).

Ensuite j'ai fait un print de Julien juste pour le fun, mais il n'y a rien de bien intéressant à afficher. Par contre, on peut afficher sa documentation en faisant ceci :

```
print(Julien.__doc__)
```

Résultat :

```
Classe qui définit une personne
```

Méthodes :

Les objets d'une classe sont composés d'attributs (Variables d'instances) qui sont des variables accessibles via l'objet. Mais aussi de méthodes qui sont des fonctions qui peuvent interagir sur les attributs de l'objet. Comment créer une méthode de classe :

Pour créer une méthode de classe, c'est presque identique à la création d'une fonction, sauf que la méthode devra toujours être créé dans la classe ou elle va agir.

Et l'autre différence c'est que dans tous les cas, qu'elle attende des paramètres en argument ou pas, le premier argument devra être placé pour faire référence à l'instance de l'objet. Ce sera plus clair avec un exemple.

Une convention veut que ce paramètre d'instance soit le mot : self. Même si ça n'est pas une obligation je vous conseille de toujours respecter cette convention.

Mettons tout ça en pratique avec un exemple :

```
719
720    class Personne:
721        """ Classe qui définit une personne """
722
723        def direBonjour(self):
724            print("Bonjour")
725
726
727    # Sortie de la classe
728
729    Julien = Personne()
730    Julien.direBonjour()
```

Résultat :

Bonjour

Sans surprise, bien que l'intérêt soit limité tant que nous n'avons vu comment créer des attributs. Ce que je vous propose de faire dans la partie suivante.

ATTENTION : N'oubliez jamais le mot-clé "self" comme premier argument d'une méthode. Pour faire simple : C'est lui qui dit que c'est une méthode qui appartient à cette classe.

Constructeur :

Le constructeur est une méthode qui sera appelé dès l'instanciation (la création) de l'objet. C'est d'ailleurs celle-ci qui permettra d'y définir les paramètres qui seront propres à l'objet et qui le différenciera des autres objets créés depuis la même classe.

Les paramètres que vous enverrez à votre objet deviendront ses attributs (retenez bien ce terme). Par exemple si vous avez une classe "Voiture" vous allez en créer une instance et cette instance sera appelée un objet. Cet objet à sa création vous lui donnerez un nom (comme vous faîtes avec les variables) et vous enverrez les paramètres entre les parenthèses du nom de la classe (comme vous le faîtes avec les fonctions) ces paramètres sur votre classe Voiture par exemple seront :

Couleur="Rouge" , Carburant= "Diesel" etc....

Nous allons voir comment créer un constructeur dans une classe. Mais pour le premier exemple je vais mettre des attributs par défaut au début.

Regardez :

```python
720   class Personne:
721       """ Classe qui définit une personne """
722       def __init__(self):
723           self.prenom = "Prénom"
724           self.nom = "Nom"
725           self.score = 0
726
727       def direBonjour(self):
728           print("Bonjour", self.prenom +' '+self.nom)
729
730
731   # Sortie de la classe
732
733   Joueur1 = Personne()
734
735   Joueur1.prenom = "Julien"
736
737   Joueur1.nom = "Faujanet"
738
739
740   Joueur1.direBonjour()
```

Résultat :

```
Bonjour Julien Faujanet
```

Explications :

 Je crée donc le constructeur qu'on appelle aussi méthode init, à la ligne 722. Cette méthode se crée avec deux caractères soulignés (underscore) suivi du mot-clé init et encore deux caractères soulignés.

Puis je mets self en paramètre, Les deux points pour dire que la suite du code sera indentée. Je mets à l'intérieur tous les attributs de la classe que je crée de la même manière que des variables à l'exception que je fais précéder leurs noms de self suivi d'un point (ce qui signifie qu'ils appartiennent à cette classe). Je donne à ces attributs des valeurs par défaut.

A partir de maintenant je pourrai accéder aux attributs de la classe dans les méthodes en les faisant précéder de self suivi d'un point, comme l'on peut le voir à la ligne 728.

Dans mon code, je crée un objet Personne que j'appelle : Joueur1 et je peux accéder (et modifier) ses attributs en faisant : Joueur1 suivi d'un point et du nom de l'attribut.

Voyons comment faire pour renseigner directement les attributs à la création de l'objet :

```
720    class Personne:
721        """ Classe qui définit une personne """
722        def __init__(self, mon_prenom, mon_nom, mon_score):
723            self.prenom = mon_prenom
724            self.nom = mon_nom
725            self.score = mon_score
726
727        def direBonjour(self):
728            print("Bonjour", self.prenom +' '+self.nom)
729
730
731    # Sortie de la classe
732
733    Joueur1 = Personne("Julien", "Faujanet", 0)
734
735    Joueur1.direBonjour()
```

Explications :

Tout comme les fonctions, je mets en paramètres des variables (ou plutôt des noms de variables temporaires) qui seront accessibles uniquement dans la méthode init puisqu'en dehors ces noms seront remplacés par les valeurs que je renseignerai (Exactement comme on l'a fait pour les fonctions).

Ensuite quand on crée l'objet c'est à ce moment-là que la méthode init est appelée. C'est donc dans les parenthèses de la classe à la ligne 733 que j'ai renseigné les valeurs de mes attributs.

Tout comme les fonctions, je peux aussi configurer des valeurs par défaut pour mes attributs. Ce qui me permet de ne pas avoir à les renseigner :

```
720    class Personne:
721        """ Classe qui définit une personne """
722        def __init__(self, mon_prenom, mon_nom, mon_score=0):
723            self.prenom = mon_prenom
724            self.nom = mon_nom
725            self.score = mon_score
726
727        def direBonjour(self):
728            print("Bonjour", self.prenom +' '+self.nom)
729
730
731    # Sortie de la classe
732
733    Joueur1 = Personne("Julien", "Faujanet")
734
735    Joueur1.direBonjour()
```

Explications :

Regardez à la ligne 722, j'ai mis : monScore=0 ce qui veut dire que si je ne souhaite pas renseigner cette valeur à la création de mon objet, cette valeur prendra automatiquement la valeur que je lui donne ici, soit : 0. Et comme vous le voyez à la ligne 733, je n'ai pas eu besoin de la préciser.

Je reconnais que les exemples jusqu'ici ne sont pas très convaincants, mais regardez ce petit exemple de programme (ou de début de programme) :

```
720   class Personne:
721       """ Classe qui définit une personne """
722       def __init__(self, pre_, nom_, score_=0):
723           self.prenom = pre_
724           self.nom = nom_
725           self.score = score_
726
727       def direBonjour(self):
728           print("Bonjour", self.prenom +' '+self.nom)
729
730
731   # Sortie de la classe
732
733   ListeJoueurs = []
734
735   for joueur in range(1,3):
736       du_joueur = "du joueur "+str(joueur)+' ?'
737       pre = input("Entrez: prénom "+ du_joueur)
738       nom = input("Entrez: nom "+ du_joueur)
739       ListeJoueurs.append(Personne(pre, nom))
740
741   for joueur in ListeJoueurs:
742       print(joueur.prenom + ' '+ joueur.nom)
743
```

Résultat :

```
Entrez: prénom du joueur 1 ? Julien
Entrez: nom du joueur 1 ?Faujanet
Entrez: prénom du joueur 2 ?Arthur
Entrez: nom du joueur 2 ?Blanc
 Julien Faujanet
Arthur Blanc
```

Explications :

Je crée une liste vide, puis une boucle qui va récupérer les prénoms et noms que l'utilisateur rentrera au clavier.

Ensuite j'instancie (je crée) un objet avec les valeurs que j'ai récupéré grâce aux inputs. Et je mets ces objets dans la liste avec un append.
Puis je fais une nouvelle boucle pour afficher les résultats.

Ligne 736, je stoque juste une phrase dans une variable car comme je dois la taper deux fois, au moins il me suffit d'écrire la variable et j'économise de la frappe et du temps c'est un des principe de la programmation. Ça se nomme "DRY" qui veut dire : Don't Repeat Yourself (ne vous répétez pas).

J'aurais pu écrire comme ceci dans la boucle "for" pour que le code soit plus lisible :

```
j = Personne(pre, nom)
ListeJoueurs.append(j)
```

9.3 Héritages

L'héritage est le fait de créer une classe en se basant sur une autre pour pouvoir bénéficier de ses fonctionnalités. Par exemple, imaginez une classe : Personne, qui aurait pour attributs :

--Un Prénom
--Un Nom

Et une classe Joueur qui hériterait de cette classe Personne (Puisque qu'un joueur aussi aurait besoin de ces attributs), mais à qui l'on rajouterait l'attribut Score.

On pourrait donc se servir de la classe Personne pour créer d'autres classe ensuite comme : la classe : Employé, si l'on veut créer un programme pour une société. Même une classe Eleve pourrait hériter de la classe Personne.
Prenons un exemple :
Avec la classe Personne que l'on a utilisé plus haut que je modifie légèrement :

```
718     from random import *
719
720     # Classe Personne
721
722     class Personne:
723         """ Classe qui définit une personne """
724         def __init__(self, pre_, nom_):
725             self.prenom = pre_
726             self.nom = nom_
727
728
729         def direBonjour(self):
730             print("Bonjour", self.prenom +' '+self.nom)
731
```

Maintenant, créons une classe Joueur qui va hériter de notre classe Personne.

Regardez :

215

```
735      class Joueur(Personne):
736          """ Cette classe hérite de la classe Personne"""
737
738          def __init__(self, pre, nom, initial_score=0):
739              Personne.__init__(self, pre, nom)
740              self.score = initial_score
741
742          def Generer_Score_au_Hasard(self):
743              self.score = int(random() *100)
744              print(self.score)
745
746      # Sortie de la classe, le code commence ICI :
747
```

A la ligne 735 je crée la classe Joueur et entre parenthèses vous voyez j'ai écrit Personne, ce qui signifie que notre classe : Joueur va hériter de la classe : Personne.

Entre d'autres mots, notre classe Joueur aura accès à ses propres attributs ainsi qu'aux attributs de la classe Personne.

Puis, à la ligne 738 dans la méthode init (le constructeur) vous voyez qu'en argument je demande les attributs de la classe mère.

C'est le terme que l'on donne quand une classe hérite d'une autre, celle qui est héritée est la classe Mère ou Parente et la classe qui hérite est la classe Fille.

Je commence par le self, ça ne change pas, mais ensuite j'ajoute les arguments de la classe mère (ou parente, on peut dire les deux) puis ensuite les arguments de la classe fille.
Ligne 739, j'ai la méthode init (le constructeur) de la classe parent que j'appelle comme j'appellerai n'importe qu'elle fonction en lui renseignant les paramètres en les gardant sous la même forme du constructeur

parent. La seule chose à retenir c'est que je dois faire précéder cet appel du nom de la classe mère et d'un point. Puis ensuite (ligne 740) je finis d'écrire ma classe init comme si c'était une classe basique.

Ligne 742, je crée une méthode dans à la classe Joueur qui permet de générer un nombre au hasard et de le stoquer dans l'attribut score (c'est juste histoire de créer quelque chose en plus par rapport à la classe Personne sinon mon exemple n'aurait pas beaucoup d'intérêt).

Ensuite à la ligne 748, je crée un objet de ma classe Joueur en lui renseignant les arguments et sur la ligne suivante je lance la méthode pour générer un nombre au hasard qui va le stoquer dans notre attribut score.

Regardez :

```
746      # Sortie de la classe, le code commence ICI :
747
748      Ju = Joueur("Julien", "Faujanet")
749      Ju.Generer_Score_au_Hasard()
750
```

Résultat :

89

Voici le code en entier :

217

```
718     from random import *
719
720     # Classe Personne
721
722  ⊕↓  class Personne:
723          """ Classe qui définit une personne """
724  ⊕↓      def __init__(self, pre_, nom_):
725              self.prenom = pre_
726              self.nom = nom_
727
728
729          def direBonjour(self):
730              print("Bonjour", self.prenom +' '+self.nom)
731
732
733     # Classe Joueur
734
735     class Joueur(Personne):
736          """ Cette classe hérite de la classe Personne"""
737
738          def __init__(self, pre, nom, initial_score=0):
739              Personne.__init__(self, pre, nom)
740              self.score = initial_score
741
742          def Generer_Score_au_Hasard(self):
743              self.score = int(random() *100)
744              print(self.score)
745
746     # Sortie de la classe, le code commence ICI :
747
748     Ju = Joueur("Julien", "Faujanet")
749     Ju.Generer_Score_au_Hasard()
```

Ligne 718 j'ai du importer le module random pour pouvoir générer un nombre au hasard mais on ne verra pas les modules tout de suite.

10. Les Builtins et méthodes magiques

10.1 Les builtins

Montrer des exemples de bultins (fonctions).

10.2 Les méthodes magiques

Expliquer ce que sont les méthodes magiques et montrer des exemples avec les méthodes natives de Python.

Dans ce chapitre nous allons étudier les builtins. Les Builtins sont les fonctions natives de Python. Celles que vous n'aurez pas besoin d'écrire et vous verrez que certaines d'entre elles vous seront très utiles. Nous verrons ensuite les méthodes magiques. Les méthodes magiques sont des méthodes qui permettent de gérer les opérateurs comme par exemple, l'addition, la soustraction etc.... Vous apprendrez à les surcharger pour changer leurs comportements. Imaginez par exemple que vous vouliez changer le comportement de l'addition parce que pour vous : 1+1 ça fait 11. Avec la surcharge des méthodes magiques vous pourrez le faire. (même si nous apprendrons à faire des choses un peu plus passionnantes que ça).

10.1 Les builtins

Commençons par les fonctions natives. Je vais les regrouper par thème.

Maths :

abs : Elle renvoie la valeur absolue d'un nombre. Elle prend un nombre en argument et renvoie ce même nombre mais sans le signe moins. Par exemple si vous écrivez abs(-5) elle renverra 5. Si vous écrivez abs(5) elle renverra aussi 5.

min : Elle prend soit un type itérable (liste, tuple etc...) contenant des valeurs, soit plusieurs valeurs en arguments et renvoie le plus petit. Exemple min(2,3,4) renvoie 2.
Vous pouvez aussi le faire avec un argument itérable : min([2,3,4]) renvoie aussi 2.

max : C'est la même que min mais elle renvoie la plus grande valeur.

pow : Elle calcule la puissance d'un nombre. Elle prend 2 arguments, le premier étant le nombre et le deuxième sa puissance et elle renvoie le résultat.

sum : Elle renvoie la somme des nombres passés en arguments.

round : Elle arrondi le nombre décimal que l'on lui envoie en argument. Exemple :
round(3.141617) renverra 3 sous forme de int. Mais vous pouvez lui donner un deuxième argument pour préciser à combien d'unités vous voulez arrondir. Exemple :
round(3.141617, 3) renverra 3.142 (Elle renvoie un 2 en troisième décimale parce que c'est un arrondi) et ici ce sera une valeur de type float.

Types :

int : Convertie le nombre qu'elle prend en argument en entier. Le deuxième argument qu'elle prend est un nombre qui correspond à la base dans laquelle elle est mais si cette base est spécifiée, le nombre en premier argument doit être sous forme de chaine de caractères. Exemple :
int('11', base=16) renverra 17 car 11 en base 16 donne 17 mais :
int('11', base=2) renverra 3, car 11 en binaire correspond à 3.

str : Permet de convertir une valeur en chaine de caractères.

float : Permet de convertir une valeur numérique en float.

type : Renvoie le type de la valeur passée en argument.

Autres :

input : Permet de récupérer la valeur que l'utilisateur a entrée au clavier.

print : Elle prend en argument, l'objet à afficher (du texte ou des valeurs), puis un argument nommé sep qui permet de définir un délimiteur entre les valeurs.

Regardons quelques exemples :

```
17  mots = ["Julien", "Faujanet", "Livre", "Python"]
18  print("Voici les mots de ma liste", str(mots), sep=" -> ")
```

J'ai défini une flèche avec un tiret et un chevron en guise de séparateur.

Résultat :

```
Voici les mots de ma liste -> ['Julien', 'Faujanet', 'Livre', 'Python']
```

Un autre exemple :

```
17  mots = ["Julien", "Faujanet", "Livre", "Python"]
18  print("Voici les mots de ma liste", str(mots), sep=" -> ", end="\n \t"
19  print("Voici les mots de ma liste", str(mots), sep=" -> ")
20
```

Cette fois-ci j'ai défini une valeur à l'argument end, qui permet de définir par quoi ce fini l'instruction. Ici je veux qu'à la fin du print il aille à la ligne et qu'il mette une tabulation.

Résultat :

```
Voici les mots de ma liste -> ['Julien', 'Faujanet', 'Livre', 'Python']
    Voici les mots de ma liste -> ['Julien', 'Faujanet', 'Livre', 'Python']
```

On a l'impression d'afficher du code Python avec ces tabulations.
L'argument nommé file permet de rediriger le flux. Vers un fichier par exemple.

len : retourne le nombre d'éléments dans le container que l'on envoi en argument.

10.2 Les méthodes magiques

Ici aussi je les regroupe par thème.

Les plus communes :

__init__ : Le constructeur d'une classe, qui permet d'y créer ses attributs.

```
15      class Personne:
16
17          def __init__(self, prenom, nom):
18              self.prenom = prenom
19              self.nom = nom
```

Je le crée sur la capture suivante :

```
personne01 = Personne("Julien", "Faujanet")
```

__str__ : Cette méthode renverra le résultat quand vous casterez votre objet en String ou que vous l'afficherez dans un print.

```python
def __str__(self):
    return self.prenom + " " + self.nom
```

Quand vous affichez l'objet dans un print cela donne le résultat de la capture suivante :

```
Julien Faujanet
```

__repr__ : Cette méthode formatera l'objet quand vous l'afficherez (utilisé pour le débugage). Si vous affichez l'objet dans un print et qu'il a déjà une méthode __str__ définie c'est cette dernière qui s'affichera.

```python
def __repr__(self):
    intro = "Objet de la classe Personne\n"
    prenom = "Prénom : "+self.prenom + "\n"
    nom = "Nom : "+self.nom
    return intro + prenom + nom
```

Quand je l'affiche (capture suivante) :

```
Objet de la classe Personne
Prénom : Julien
Nom : Faujanet
```

Maths :

Vous savez que quand vous additionnez deux nombres avec le signe + en Python ça vous donne la somme des deux nombres. Vous savez aussi que ce même signe + pour des chaines de caractères, ça les concatène.

Mais savez vous que vous pouvez programmer le comportement de ce signe + quand il est utilisé sur les objets des classes que vous créez ?

Ceci marche aussi pour les autres signes : -, *, /, % etc....

__add__ :

Commençons par la méthode magique __add__ qui gère l'addition.

Dans l'exemple que va suivre, au lieu de créer quelque chose de banal je vais créer quelque chose qui va vous montrer toute la puissance des méthodes magiques en Python.

Imaginez notre classe Personne crééé plus haut, nous allons implémenter la méthode __add__ pour additionner deux personnes.

Je vais avoir besoin de gérer le genre de la personne H ou F et de créer une sous classe Bébé qui dira que si les deux personnes que l'on additionne sont de genre différent alors la méthode retourne un bébé. Je vais aussi gérer le fait que le nom de famille de la femme devienne le même que celui de l'homme.

Regardons le code :

```
13        import random
14
15     ⊙ ⊟class Personne:
16
17     ⊙      def __init__(self, prenom, nom, genre='H'):
18                  self.prenom = prenom
19                  self.nom = nom
20                  self.genre = genre
21
22
23
24          def __add__(self, other):
25                  print("Union de deux personnes :")
26                  if self.genre != other.genre:
27                      prenom_bebe = self.prenom + " Junior"
28
29                      if self.genre == "F":
30                          self.nom = other.nom
31                      else:
32                          other.nom = self.nom
33
34                      return Bebe(prenom_bebe, self.nom)
35
36  ⊙⊙      def __repr__(self):
37                  intro = "Objet de la classe Personne\n"
38                  prenom = "Prénom : "+self.prenom + "\n"
39                  nom = "Nom : "+self.nom
40                  return intro + prenom + nom+'\n\n\n'
41
42
```

J'importe random pour pouvoir gérer aléatoirement le sexe du bébé.
Dans la classe Personne j'ai rajouté le genre. Ce qui nous intéresse ici
commence à la ligne 24, avec la méthode magique __add__, qui prend
comme argument : other (forcement quand on additionne on a besoin
d'une deuxième valeur).

A la ligne 25 c'est juste un print que j'ai mis pour plus de précision. Ligne 26 je dis que si le genre de l'objet courant est différent du genre avec lequel on fait l'addition alors on continue l'exécution du code (je n'ai pas ajouté de code au cas ou les personnes seraient du même sexe, mais libre à vous de le faire, vous n'avez qu'à créer la méthode adoption et optimiser le code).

Ligne 27 je crée le prenom du bébé en lui donnant le nom de la personne courante et en rajoutant junior à la fin. Notez que j'aurais du m'assurer que c'était bien le prénom du père que je donnais avant de faire ça mais vu que ça n'est pas du tout le sujet de ce chapitre je ne m'attarde pas dessus.

Ligne 29 je dis que si le genre de la personne courante est féminin alors elle prendra le nom de famille de l'autre, autrement c'est l'autre qui prendra son nom de famille.

Ligne 34, je retourne un objet de la classe Bebe que l'on va créer plus bas. En lui donnant son prénom et le nom du couple.
Ligne 36 c'est juste la méthode magique __repr__ (voir plus haut).

Suite du code :

```python
45    class Bebe(Personne):
46        def __init__(self, prenom, nom):
47            super().__init__(self, prenom, nom)
48            self.genre = random.choice(['H', 'F'])
49            self.prenom = prenom
50            self.nom = nom
51
52
53        def __repr__(self):
54            description01 = "Bebe : prenom : "+self.prenom
55            description02 = "\nNom : "+self.nom + "\nGenre : "+self.genre
56            return description01+description02+'\n\n\n'
57
58
```

Voici la classe Bebe qui hérite de la classe Personne. Je ne m'attarde pas dessus ça n'est pas du tout le sujet de ce chapitre.

Suite du code :

```
61   personne01 = Personne("Julien", "Faujanet", "H")
62   personne02 = Personne("Emilie", "Martin", "F")
63
64   print(personne01)
65
66   print(personne02)
67
68   bebe = personne01+personne02
69
70   print(personne02)
71   print(bebe)
```

Ici je crée deux personnes de ma classe Personne :
Julien Faujanet, Homme et Emilie Martin, Femme.

Je les affiche d'abord dans un print, puis ligne 68, j'additionne enfin personne01 et personne02 et je renvoie le retour dans la variable bebe.

Ligne 70 je refais un print sur personne02 (la femme), pour vous montrer que son nom de famille a changé, et ligne 71 j'affiche bébé.

Notez que j'ai sauté la partie sur la génération aléatoire du sexe du bébé, comme je vous l'ai dit plus haut, mais c'est dans la classe Bebe que ça se joue.

Résultat :

```
Objet de la classe Personne
Prénom : Julien
Nom : Faujanet


Objet de la classe Personne
Prénom : Emilie
Nom : Martin


Union de deux personnes :
Objet de la classe Personne
Prénom : Emilie
Nom : Faujanet


Bebe : prenom : Julien Junior
Nom : Faujanet
Genre : F
```

Voilà, la personne02 porte à présent mon nom de famille et vu que son papa est un « programmeur fainéant » (pléonasme ?), mon bébé est une fille avec un prénom de garçon.

__sub__ :
La méthode __sub__ marche exactement de la même manière que __add__ mais pour la soustraction.

__mul__ :
La méthode __mul__ a le même principe mais pour la multiplication.

__div__ :
La méthode __div__ est pour la division.

__pow__ :
La méthode __pow__ est pour les puissances.

Il y a aussi les méthodes : (je retire leur double underscore pour les mentionner ici):

lshift, rshift, and, or, xor, mais pour les comprendre il faut avoir lu le chapitre suivant donc je n'en parlerai pas ici mais elles vous semblerons plus claires (et intéressantes) plus tard.

Il y a aussi les méthodes pour les comparaisons qui correspondent aux signes : >, <, >=, <=, ==, != :

lt : plus petite que,
le : plus petit ou égal,
eq : égal,
ne : diffèrent de,
gt : plus grand que,
ge : plus grand ou égal,

il y a les méthodes neg, pos, qui sont implémentées pour gérer les signes – ou + devant l'objet. Vous pouvez vous en servir par exemple pour dire que si l'objet personne a le signe moins devant (ça devient un bébé) ou que si sur une classe couleur que vous créez votre objet qui correspond à la couleur rouge a le signe moins devant elle devient du cyan. Bref à vous de voir.

Il y a aussi abs, qui retourne la valeur absolue et : invert, vous pouvez vous servir de cette dernière par exemple pour dire que si le signe ~tilde (qui appellera invert) est utilisé sur la classe personne, si son genre est homme, ça devient une femme et inversement. Ou pour d'autres utilisations encore.

Plus surprenant il y a la méthode __round__ qui vous permet de gérer comment arrondir votre objet quand vous l'enverrez à la fonction native round() que l'on a vu plus haut. Regardez sur ma classe Personne de tout à l'heure :

```
def __round__(self, n=None):
    self.prenom = self.prenom[:-n]
    self.nom = self.nom[:-n]
```

Désolé pour mes captures, derrière la souris il est marqué –n comme le premier.

On l'utilise comme ceci :

```
round(personne01, 3)
print(personne01)
```

Je demande ici d'arrondir à 3 ce qui dans ma classe correspond jusqu'au 3ème caractère en partant de la fin.
Résultat :

```
Objet de la classe Personne
Prénom : Jul
Nom : Fauja
```

Voilà, je peux choisir n'importe quelle façon de le gérer, en demandant de ne m'afficher que les initiales ou autre.

Et pour finir dans cette section vous avez aussi int, float et complex, pour gérer comment afficher vos objets quand vous les castez dans ces types là.

Collections :

Nous allons voir comment gérer les collections, qui se nomment plutôt containers en Python. En gros elles vont vous servir si vous voulez que votre classe ait le même comportement qu'une liste, un tuple ou autre container.

__getitem__ :

Cette méthode prend un int en argument qui correspond à l'index de l'objet, elle définie le comportement de : **votre_objet[index_de_l_objet]**

Vous devrez gérer le TypeError si la clé n'est pas un int, , l'IndexError et le KeyError.

__missing__ :

Quand la clé est manquante.

__setitem__ :

Prend la clé mais aussi la valeur à assigner en argument est équivalent à :

Mon_objet[2] = 'Julien'
Ici la clé est 2 et la valeur est Julien.

__contains__ :

Prend un item (élément) en argument et renvoie True si l'objet contient l'élément sinon il renvoi False.

__len__ :

Est utilisable comme round. Elle paramètre le comportement qu'aura l'objet quand on l'enverra dans la fonction native len (qui est censé renvoyer la taille) Je dis censé parce que maintenant vous pouvez tout recoder à votre guise.

Il y a encore énormément de méthodes magiques que vous pouvez implémenter dans vos classes, je ne peux pas toute vous les montrer ici et de toute façons je ne les connais pas toutes. Mais sachez qu'il en existe pour :
La gestion des Métaclasses, des Context Managers, des Coroutines et bien d'autres domaines encore.

11. Les fichiers

11.1 Lire dans un fichier

Expliquer le fonctionnement de lecture dans un fichier et montrer quelques exemples concrets.

11.2 Ecrire dans un fichier

Montrer le procédé d'écriture dans les fichiers au travers d'exemples concrets.

11.3 Écrire dans un fichier binaire

Expliquer ce que sont les fichiers binaires et expliquer comment lire et écrire à l'intérieur.

11.4 Lire depuis un fichier binaire

Lire le contenu d'un fichier binaire.

Dans ce chapitre nous allons apprendre à lire et écrire dans les fichiers texte en Python mais aussi dans les fichiers binaires et vous verrez que d'écrire dans les fichiers permet de faire office de sauvegarde.

11.1 Lire dans un fichier

Dans ce chapitre nous allons manipuler les fichiers et voir comment les ouvrir pour les lire et y écrire que ce soit en mode texte ou binaire. Commençons par voir comment les ouvrir et les fermer.

Ouvrir et fermer un fichier

Pour ouvrir et fermer un fichier il y a deux solutions possibles :

```
17   fichier = open("mon_texte.txt", 'r')
18
19   fichier.close()
```

Voici comment ouvrir un fichier. En utilisant la fonction open et en lui donnant en argument : le nom du fichier, puis en deuxième argument, le mode d'ouverture (ligne 17).

Avec cette solution vous DEVEZ refermer le fichier à la fin de son utilisation. Pour cela vous utiliserez la méthode close comme montré ligne 19.

Voici la deuxième solution pour ouvrir un fichier :

```
17    with open("mon_texte.txt", 'r') as fichier:
18        ...
19        Ici faire les opérations sur le fichier
20        Il se fermera seul en sortant du bloc
21
22        ...
```

En utilisant le context manager 'with'. Pour cela il vous suffit de mettre le mot-clé 'with' suivi de la fonction 'open' (comme plus haut) et de la faire suivre du mot-clé 'as' et du nom que vous donnez à la variable qui contiendra votre fichier. Deux points et vous effectuerez toutes les opérations sur le fichier dans ce bloc d'instruction. Le fichier se fermera seul quand vous quitterez ce bloc.

Les modes d'ouverture:

Les modes d'ouverture sont, (pour le mode texte) :

'r' : pour ouvrir le fichier en mode lecture.
'w' : pour ouvrir le fichier en mode écriture, s'il existe pas il est créé, s'il existe il est écrasé.
'a' : en écriture en mode ajout, on écrit à la fin sans écraser le fichier et s'il n'existe pas il est créé.

Rajoutez un b à ces modes pour avoir leurs équivalent en mode binaire : rb, wb, ab.

Lire dans un fichier texte

Voyons maintenant comment lire dans un fichier. Vous allez voir qu'il y a différentes manières de le faire. Lire le fichier entier, une ligne,, un mot ou un caractère.

Pour lire un fichier entier c'est très simple mais pour commencer laissez-moi vous montrer le contenu du fichier (pour que vous soyez sur qu'il a tout récupéré) :

```
1    Ceci est mon fichier texte qui contient plusieurs lignes
2    Nous voici à la ligne 2.
3    Ici c'est la ligne 3.
4    Déjà la ligne 4. Encore un peu et ce sera un roman.
5    Voici la fin du fichier.
6
```

Maintenant, regardez comment l'on s'y prend :

```
17    with open("mon_texte.txt", 'r') as fichier:
18        texte = fichier.read()
19        print(texte)
```

On utilise la méthode 'read' sur notre variable fichier, que l'on stoque dans une variable (que j'ai nommé texte) et je l'affiche dans un print pour vous montrer le résultat :

```
Ceci est mon fichier texte qui contient plusieurs lignes
Nous voici à la ligne 2.
Ici c'est la ligne 3.
Déjà la ligne 4. Encore un peu et ce sera un roman.
Voici la fin du fichier.
```

C'est tout ce qu'il y a à savoir pour lire un fichier entier. Mais bien souvent, vous voudrez le traiter ligne par ligne ou mot par mot ou même caractère par caractère, alors nous voyons ça maintenant.

Lire une ligne

Pour lire le fichier ligne par ligne il y a deux solutions. Soit vous faites :

```
17    with open("mon_texte.txt", 'r') as fichier:
18        texte = fichier.readlines()
19        print(texte)
20
```

En utilisant la méthode 'readlines' (avec un s) sur la variable fichier. Ce qui aura pour effet de renvoyer dans la variable 'texte' une liste de toutes les lignes du fichier. Regardez :

```
['Ceci est mon fichier texte qui contient plusieurs lignes\n', 'Nous voici à la ligne 2.\n', "Ici c'est la ligne 3.\n",
```

L'on voit très mal, comme à un précédent chapitre alors je vais faire ceci :

```
17    with open("mon_texte.txt", 'r') as fichier:
18        texte = fichier.readlines()
19        print(texte[0])
20        print(texte[1])
21        print(texte[2])
22        print(texte[3])
23
```

Voilà, là vous comprenez mieux qu'il s'agit d'une liste.
Le résultat :

```
Ceci est mon fichier texte qui contient plusieurs lignes

Nous voici à la ligne 2.

Ici c'est la ligne 3.

Déjà la ligne 4. Encore un peu et ce sera un roman.
```

La deuxième solution consiste à utiliser la méthode 'readline' sans s, et récupérera toute la ligne suivante (ici la première). Regardez :

```
17   with open("mon_texte.txt", 'r') as fichier:
18       texte = fichier.readline()
19       print(texte)
20
```

Résultat :

```
Ceci est mon fichier texte qui contient plusieurs lignes
```

Vous pouvez passer aussi un entier en argument qui défini le nombre de bytes que doit contenir la ligne.

Regardez :

```
17    with open("mon_texte.txt", 'r') as fichier:
18        texte = fichier.readline(20)
19        print(texte)
20
```

Résultat :

```
Ceci est mon fichier
```

Les 20 premiers bytes sont récupérés.

Lire un mot

Pour récupérer un mot, je vous propose de regarder le code en premier :

```
17    with open("mon_texte.txt", 'r') as fichier:
18        texte = fichier.readlines()
19        for ligne in texte:
20            mots = ligne.split()
21            print(mots)
```

Nous récupérons toutes les lignes dans une variable avec la méthode 'readlines' (avec s) puis nous faisons une boucle sur cette variable texte qui nous fournira à chaque tour de boucle (correspondant ici à ligne) la ligne courante.

Puis sur ligne nous utilisons la méthode split (qui sépare tous les mots d'une ligne) et nous les stockons ici dans 'mots'.

Résultat :

```
['Ceci', 'est', 'mon', 'fichier', 'texte', 'qui', 'contient', 'plusieurs', 'lignes']
['Nous', 'voici', 'à', 'la', 'ligne', '2.']
['Ici', "c'est", 'la', 'ligne', '3.']
['Déjà', 'la', 'ligne', '4.', 'Encore', 'un', 'peu', 'et', 'ce', 'sera', 'un', 'roman.']
['Voici', 'la', 'fin', 'du', 'fichier.']
```

Voici tous les mots dans une liste (sauf qu'ici, j'ai recréé la liste à chaque tour de boucle mais ce n'est pas important). Nous pouvons le faire autrement :

```
17    with open("mon_texte.txt", 'r') as fichier:
18        texte = fichier.readlines()
19        for ligne in texte:
20            mots = ligne.split()
21            for mot in mots:
22                print(mot)
23
```

Je refais simplement une boucle sur 'mots' et j'affiche chaque mot. Résultat :

Lire un caractère

Pour lire un caractère nous restons sur le même principe. Regardez :

```
17    with open("mon_texte.txt", 'r') as fichier:
18        texte = fichier.readlines()
19        for ligne in texte:
20            mots = ligne.split()
21            for mot in mots:
22                for lettre in mot:
23                    print(lettre)
```

Je rajoute une nouvelle boucle imbriquée sur chaque mot et j'affiche les caractères.
Résultat :

Tout ceci est bien beau mais n'y a t'il pas un moyen plus optimisé de récupérer le texte de mon fichier ?

Oui, en effet. Et c'est ce que nous voyons maintenant.

```
27    with open("mon_texte.txt", 'r') as fichier:
28        texte = fichier.read(1)
29        while len(texte) > 0:
30            print(texte)
31            texte = fichier.read(1)
```

En utilisant la méthode read qui lit tout le fichier et en lui donnant 1 en argument, elle lira le fichier caractère par caractère. C'est tout de même plus pratique.

Dans la condition de la boucle while j'ai simplement demandé à boucler tant que la taille de la variable texte était plus grande que 0. C'est à dire qu'au fur et à mesure qu'il récupère du texte, il arrive de plus en plus sur la fin du fichier et la variable texte quand elle sera à la fin, aura une taille de zéro caractère, c'est là que nous sortirons de la boucle.

Le même principe fonctionne pour les lignes du fichier :

```
27    with open("mon_texte.txt", 'r') as fichier:
28        texte = fichier.readline()
29        while len(texte) > 0:
30            print(texte)
31            texte = fichier.readline()
32
```

Et puisque c'est le curseur qui se déplace au cours du fichier pour récupérer ce que vous demandez (ligne, caractères etc....) Vous pouvez demander à connaître la position du curseur à un moment donné.

Admettons que je veuille connaître la position du curseur après chaque ligne. Je devrais faire ça :

```
27    with open("mon_texte.txt", 'r') as fichier:
28        texte = fichier.readline()
29        while len(texte) > 0:
30            print(texte)
31            print(fichier.tell())
32            texte = fichier.readline()
33
```

Regardez à la ligne 31, j'utilise la méthode 'tell' qui me renverra la position actuelle du curseur.
Résultat :

```
Ceci est mon fichier texte qui contient plusieurs lignes

57
Nous voici à la ligne 2.

83
Ici c'est la ligne 3.

105
Déjà la ligne 4. Encore un peu et ce sera un roman.

159
Voici la fin du fichier.

184
```

Pratique pour connaître la taille des lignes, il me suffira de faire la soustraction à chaque tour de boucle.

Mais sachez (et c'est tout aussi intéressant sinon plus) que si vous pouvez connaître la position du curseur vous pouvez aussi choisir de le placer à la position de votre choix.

Pour cela nous utiliserons la méthode 'seek' en lui donnant en argument la position en nombre de caractères depuis le début du fichier. Comme ceci :

```
27  with open("mon_texte.txt", 'r') as fichier:
28      texte = fichier.readline()
29      fichier.seek(159)
30      while len(texte) > 0:
31          print(texte)
32          print(fichier.tell())
33          texte = fichier.readline()
34
```

Je récupère la première ligne et je lui demande de se placer directement à la position 159, puis dans la boucle j'affiche la ligne qu'il m'avait récupéré (la première) mais le curseur lui est bien à la position 159 ; donc à la ligne 33 quand je récupère la ligne suivante il considère que c'est à partir du caractère 159.

Regardez :

```
Ceci est mon fichier texte qui contient plusieurs lignes

159
Voici la fin du fichier.

184


185
```

Ce sera aussi très pratique quand nous écrirons dans les fichiers. Ce que nous voyons tout de suite.

11.2 Écrire dans un fichier

Voyons comment écrire dans un fichier texte. Tout d'abord nous devons changer le mode d'ouverture du fichier et le mettre à 'w' ou 'a' si nous voulons continuer un fichier sans l'écraser.

Ensuite nous allons utiliser la méthode 'write' sur notre objet 'fichier'. Regardez le code suivant, je le détaille ensuite :

```
27    with open("mon_texte.txt", 'w') as fichier:
28        caractere = " "
29        while len(caractere) > 0:
30            print("Entrez du texte et terminez par la touche entrée")
31            caractere = input()
32            fichier.write(caractere)
33            fichier.write("\n")
34
```

Je crée une variable 'caractère' qui va contenir mon texte. C'est très important qu'elle ne soit pas nulle sinon elle ne rentrera pas dans la boucle suivante, donc je lui assigne un espace comme texte.

Dans la boucle qui suit je dis qu'elle doit continuer tant que la taille de la variable 'caractère' (qui contiendra le texte) est plus grande que 0. Dès que la taille du texte que nous avons entré est nulle nous sortons de la boucle et le programme continuera.

Autrement le code de la boucle continuera et nous afficherons le print et attendrons que l'utilisateur entre du texte (ligne 31) qui sera stocké dans la variable 'caractère'.

Ligne 32 nous envoyons la variable 'caractère' dans la méthode 'write' qui écrit dans le fichier.

Ligne 33 nous écrivons dans le fichier un '\n', c'est à dire un retour à la ligne pour que le texte ne soit pas tout collé.

Voilà ce qui se passe : On vous demande de taper du texte et de terminer par la touche entrée, quand vous avez entré votre texte et tapé entrée, le texte est copié et on vous propose la même chose. Soit vous tapez entrée pour écrire une ligne vide et finir le programme, soit vous entrez du texte à nouveau.

Voici mon résultat :

```
Entrez du texte et terminez par la touche entrée
Je suis Julien
Entrez du texte et terminez par la touche entrée
J'ai 33 ans
Entrez du texte et terminez par la touche entrée
Je suis auteur et programmeur
Entrez du texte et terminez par la touche entrée


Process finished with exit code 0
```

On voit bien que la dernière fois que l'on m'a posé la question je n'ai rien entré et le programme s'est terminé.

Voici le contenu de mon fichier texte :

```
1    Je suis Julien
2    J'ai 33 ans
3    Je suis auteur et programmeur
4
5
```

11.3 Écrire dans un fichier binaire

Pourquoi écrire dans un fichier binaire ? C'est simple, dans un fichier texte vous ne pouvez écrire que des chaines de caractères, mais imaginez que vous avez une classe Personne qui enregistre le nom et l'age d'un joueur (pour un jeu vidéo par exemple) et que vous devez sauvegarder ses données. Écrire dans un fichier en binaire permet d'écrire cet objet et de le récupérer tel quel sans vous soucier de comment le formater pour pouvoir le récupérer plus tard. Pour cela nous allons utiliser le module 'pickle' qui va grandement nous faciliter le travail.

Regardez le code, je vous le détaille ensuite :

```
26    import pickle
27
28    class Personne:
29        def __init__(self, name, age):
30            self.name = name
31            self.age = age
32
33        def Hello(self):
34            print(self.name + " : " +str(self.age)+ " ans..." )
35
36
```

Je commence par importer 'pickle'. Pour cet exemple j'ai créé une classe Personne, mais vous pouvez le faire avec ce que vous voulez.

Suite du code :

```
38    with open("mon_texte.perso", 'wb') as fichier:
39        nom = " "
40        age = 0
41        print("Votre nom ?")
42        nom = input()
43        print("Votre age ?")
44        age = input()
45        p = Personne(nom, int(age))
46
47        data = pickle.Pickler(fichier)
48        data.dump(p)
49
```

Vous remarquerez l'extension du fichier ('perso'). C'est moi qui l'ai choisi. Vous pouvez mettre l'extension que vous voulez vous aussi. Bien sur le mode d'ouverture du fichier est ici 'wb' puisque c'est en écriture et sur du binaire.

Je crée 2 variables : nom et age pour les récupérer quand l'utilisateur les rentrera au clavier. De la ligne 41 à 44 c'est la récupération demandée à l'utilisateur.
Je stoque les données dans un objet de ma classe Personne que je nomme 'p'.

La partie nouvelle commence à la ligne 47, ou j'utilise la classe Pickler du module pickle et je lui donne en argument mon fichier. Je nomme cet objet 'data'.

Puis j'envoie à la méthode 'dump' de mon objet 'data' mon objet 'p' en argument. Ce qui aura pour effet de copier l'objet 'p' dans le fichier.

C'est tout. Je lance l'exécution du code (voir capture suivante) :

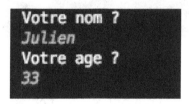

A la fin de l'exécution du code, l'objet est copié dans le fichier 'mon_texte.perso' dont je vous montre un aperçu :

```
1       c__main__
2       Personne
3       q)q}q (X   nameq X   Julienq X   ageq K!ub.
```

Illisible. Normal nous essayons d'afficher du binaire. On pourrait le lire avec logiciel qui lit de l'hexadécimal. Mais ça n'a pas d'intérêt dans ce chapitre.

Voyons maintenant comment lire les données d'un fichier binaire.

11.4 Lire depuis un fichier binaire

Pour lire les données, regardez le code :

```
56   with open("mon_texte.perso", 'rb') as fichier:
57
58
59       data = pickle.Unpickler(fichier)
60       p = data.load()
61
62       print(p.Hello())
```

Premièrement le mode d'ouverture du fichier est 'rb'. Ensuite vous remarquerez que nous n'utilisons pas 'Pickler' mais 'Unpickler' cette fois. Puis au lieu d'utiliser 'dump' nous utilisons 'load' et bien entendu nous n'avons aucun argument à lui envoyer.

Je me contente ensuite d'afficher la méthode 'Hello' que j'avais créé dans ma classe mais, j'aurais pu utiliser les attributs 'name' et 'age' si j'avais voulu.

Exécutons le code :

```
Julien : 33 ans...
```

C'est fait. Nous savons maintenant, lire et écrire dans un fichier en binaire.

Bon pour faire un print dans un fichier c'est extrêmement simple regardez ce qu'il suffit de faire :

```
38   with open('mon_texte.txt', "a") as fichier:
39       print("Salut à tous", file=fichier)
```

Il suffit de renseigner votre objet fichier dans l'argument nommé 'file'.

J'ai utilisé le mode d'ouverture 'a' (ajout) juste parce que je ne vous avais pas fait d'exemples concret avec.

Regardez ce que ça donne :

```
1   Je suis Julien
2   J'ai 33 ans
3   Je suis auteur et programmeur
4
5   Salut à tous
6
```

La ligne 5 a été rajoutée sans me supprimer ce qu'il y avait avant. (Grâce au mode 'ajout').

12. Bitwise

12.1 Les opérateurs de bits

Expliquer ce que sont les opérateurs de bits (logiques).

12.2 Les opérateurs de décalages

Expliquer ce que sont les opérateurs de décalages et comment les utiliser.

12.1 Les opérateurs de bits

Les opérateurs : and / or / xor / not

Dans ce chapitre nous allons faire des opérations sur les bits et pour cela il faut des notions en binaire. Les opérations sur les bits se font grâce aux opérateurs : **&, |, ^, ~,**
Respectivement : and (et), or (ou), xor (ou exclusif) et not (non).
Il y a aussi les opérateurs de décalage mais nous les verrons plus bas.

En binaire pour savoir comment fonctionne un opérateur il faut regarder sa table de vérité.

and (et)

Nous commençons avec l'opérateur & (and), regardons sans tarder sa table de vérité :

Table de vérité de ET		
a	b	a ET b
0	0	0
0	1	0
1	0	0
1	1	1

La table nous dit que quand on utilise l'opérateur sur deux valeurs 1 elle renvoie 1 sinon dans tous les autre cas, elle renvoie 0.

Faisons un essai :

```
15    n1 = 5           # 00000101
16    n2 = 20          # 00010100
17    # --------------------------------------------
18    r3 = n1 & n2     # 00000100 = 4 en décimal
19
20    print(r3)
```

Regardez, j'ai aligné à droite leur valeur binaire pour que vous compreniez que les bits se comparent un à un (Comme les additions sur papier à l'école).

Sur l'opération : 5 & 20 ce qui nous donne en binaire :

00000101 et
00010100

On constate que le premier bit (on part de la droite en binaire) de n1 est 1 et celui de n2 est 0 donc le résultat donnera 0, pour le deuxième ils sont tous les deux à zéro, ça donnera zéro aussi. Pour le troisième ils sont tous les deux à 1 donc il sera à 1 dans le résultat. Et pour les suivants ils donneront tous zéros.

00000101 et
00010100

00000100

Ce qui nous donne 4.

Regardez ce code :

```
27    a = list(range(256))
28    x = [n for n in a]
29
30    for i in range(256):
31        if i == 255:
32            break
33        print(format(x[i], 'b'))
34        print(format(x[i+1], 'b'))
35        print(format(x[i]&x[i+1], 'b'))
36        print(50*"*")
37
```

Je crée une liste de 256 valeurs allant de 0 à 255 : toutes les valeurs possibles pour 8 bits, que je stocke dans une liste.

Ne soyez pas perturbé par la ligne 28 qui ne sert à rien dans le cas présent mais je m'en suis servi pour d'autres exemples (quoi qu'il en soit j'utilisera la liste x dans cet exemple.

Je crée une boucle sur toute la liste qui va appliquer l'opérateur sur toutes les valeurs de la liste avec la valeur suivante exemple :
1&2, puis 2&3, puis 3&4, jusqu'à la fin de la liste.

Pourquoi avoir mis des 'formats' dans les prints ? C'est simple, je voulais que les résultats s'affichent en binaire et pas sous forme d'entiers.

La dernière instruction print est juste pour afficher des lignes d'étoiles entre chaque rapport.

Voici le résultat :

Mais vous allez me dire qu'au début de la liste ça ne sert pas à grand chose vu que si les deux rapports n'on pas le même nombre d'unité et qu'ils ne sont pas alignés il n'y a aucun intérêt.

261

Donc améliorons le code :

```
27    a = list(range(256))
28    x = [n for n in a]
29
30
31    def myFormat(n):
32        return str(format(n, 'b')).zfill(8)
33
34
35    for i in range(256):
36        if i == 255:
37            break
38        print(myFormat(x[i]))
39        print(myFormat(x[i]+1))
40        print(myFormat(x[i]&x[i+1]))
41        print(50*"*")
42
```

Je crée une fonction à la ligne 31 qui va récupérer le nombre, y appliquer le format binaire comme plus haut, mais qui va ensuite le convertir en chaine de caractères pour pouvoir lui appliquer la méthode zfill, qui est une méthode de remplissage de caractères. Et je lui donne 8 en argument.

Dans la boucle il ne me reste plus qu'à envoyer l'élément à la fonction et à l'afficher dans un print et le tour est joué. (J'aurais pu faire le print dans la fonction, d'ailleurs ça aurait été mieux).

Regardons maintenant le résultat :

Maintenant il est beaucoup plus simple de comprendre les opérations.

or (ou)

Passons à l'opérateur : | or (ou) son symbole se fait avec alt Gr + 6 sur clavier azerty. Regardons sa table de vérité :

Table de vérité de OU		
a	b	a OU b
0	0	0
0	1	1
1	0	1
1	1	1

S'il y a un 1 sur un des deux côté elle renvoie 1 sinon elle renvoie 0. Plutôt simple, essayons :

```
15  n1 = 5            # 00000101
16  n2 = 20           # 00010100
17  # ----------------------------------------
18  r3 = n1 | n2      # 00010101 = 21 en décimal
19
20  print(r3)
```

Avec les mêmes valeurs que plus haut : 5, 20 donc :

5 | 20 = 21 :

00000101 ou
00010100
00010101

Ce qui donne 21.

Reprenons notre boucle utilisée plus haut mais cette fois pour l'opérateur 'ou' :

```python
30  def myFormat(n):
31      print(str(format(n, 'b')).zfill(8))
32
33
34  for i in range(256):
35      if i == 255:
36          break
37      myFormat(x[i])
38      myFormat(x[i+1])
39      myFormat(x[i]|x[i+1])
40      print(50*"*")
41
```

Comme vous pouvez le constater je l'ai légèrement modifiée puisque maintenant, je fais le print directement dans la fonction, ce qui fait beaucoup plus propre et plus pro aussi.

Voyons ce que ça donne :

```
00000000
00000001
00000001
************
00000001
00000010
00000011
************
00000010
00000011
00000011
************
00000011
00000100
00000111
************
00000100
00000101
00000101
************
00000101
00000110
00000111
************
00000110
00000111
00000111
************
00000111
00001000
00001111
************
00001000
00001001
00001001
************
00001001
00001010
00001011
************
00001010
00001011
00001011
************
00001011
00001100
00001111
************
00001100
00001101
00001101
************
00001101
00001110
00001111
```

xor (ou exclusif) :

Passons à l'opérateur ^ou exclusif (xor). Voici sa table de vérité :

Table de vérité de XOR (OU exclusif)		
a	b	a XOR b
0	0	0
0	1	1
1	0	1
1	1	0

Il ne renvoie 1 que si **seulement** un des deux et à 1, autrement il renvoie 0.

Essayons :

```
15   n1 = 5          # 00000101
16   n2 = 20         # 00010100
17   # ---------------------------------
18   r3 = n1 ^ n2    # 00010001 = 17 en décimal
19
20   print(r3)
```

267

Toujours avec les valeurs 5, 20, donc :

5^20 = 17.

00000101 ou exclusif
00010100

00010001

Ce qui donne 17.

Voyons notre boucle :

```
31  def myFormat(n):
32      print(str(format(n, 'b')).zfill(8))
33
34
35  for i in range(256):
36      if i == 255:
37          break
38      myFormat(x[i])
39      myFormat(x[i]+1)
40      myFormat(x[i] ^ x[i+1])
41      print(50*"*")
```

Jusque là, la seule chose qui a changé c'est le signe.

Affichons le résultat, du moins une partie (voir capture suivante) :

not (non)

Pour l'opérateur : ~ non (not) le signe tilde, je n'afficherai pas sa table de vérité puisque c'est la plus simple. Ce n'est pas une opération qui se fait avec deux valeurs, mais une seule et elle se contente d'inverser la valeur des bits. Les 0 deviennent 1 et les 1 deviennent des 0.

12.2 Les opérateurs de décalages

Dans cette partie nous allons parler des opérateurs de décalages à gauche et les opérateurs de décalages à droite. Ils se composent avec les signes :

<< (décalage à gauche) et
>> (décalage à droite).

Mais à quoi servent-ils ?

Ils servent à décaler les bits d'un nombre d'unités spécifié vers la gauche ou vers la droite.

Décalage à gauche

Commençons par l'opérateur de décalage à gauche. Gardons les valeurs utilisées plus haut, en particulier : 5 :

```
15    n1 = 5          # 00000101
16    n2 = 20         # 00010100
17
18    print("Décalage de 5<<2 : ",5<<2)
```

En faisant : 5<<2, je demande à ce que tous les bits de 5 soient décalés de 2 unités vers la gauche.

C'est comme si j'avais fait :

00000101 << 2
_____
00010100

Donc : 20.

```
Décalage de 5<<2 :   20
```

Pour les plus attentifs, vous remarquerez qu'en binaire un décalage vers la gauche d'une unité revient à doubler la valeur, de deux unités la valeur sera multipliée par 4 etc...

Décalage à droite

C'est exactement le même principe pour le décalage à droite sauf qu'au lieu de multiplier la valeur par deux à chaque unité décalée, ça la divise.

Prenons 10 en binaire et décalons-le de 1 vers la droite. Regardez :

00001010>>1

00000101

Résultat : 5.

Mais attention prenons 5 et décalons-le une nouvelle fois de 1 vers la droite :

00000101>>1

00000010

Résultat 2.

Comment est-ce possible ? Tout simplement parce que le bit 1 qui était tout à droite à disparu.

Quand vous décalez de 1 vers la droite, le premier bit (vers la droite) disparaît. Tout comme quand vous décalez de 2 vers la droite, les deux premiers (vers la droite) disparaissent etc....

Tout comme pour le décalage à gauche si la valeur dépasse 256, des bits seront ajoutés et la valeur ne sera plus codée sur 8 bits mais sur le nombre de bits nécessaires pour la représenter en binaire.

13. Les produits carthésiens

13.1 Les produits cartésiens

Expliquer ce que sont les produits cartésiens, leur utilité et leur fonctionnement.

13.1 Les produits carthésiens

Le produit cartésien de deux ensembles (que je nommerai parfois : listes) engendre les couples de toutes les combinaisons possibles. Prenons par exemple les ensembles :
(A,B,C) et (1,2,3)
Le produit cartésien de ces ensembles sera :

(A, 1), (A, 2), (A, 3), (B, 1), (B, 2), (B, 3), (C, 1), (C, 2), (C, 3)

Ce qui fait toutes les combinaisons possibles entre les deux ensembles.

Mais je nomme cela produit cartésiens, mais en réalité en Python nous allons le faire sur les listes aussi et dans un ensemble nous ne pouvons pas avoir deux fois la même valeur, alors que dans une liste oui.

Nous pouvons faire des produits cartésiens à 3 listes. Prenons un exemple sur le foot avec des listes (pas des ensembles) qui représentent chacune un match et qui contiennent les valeurs [1, N, 2].
1 étant la victoire de l'équipe qui reçoit, N le match nul et 2 la victoire de l'équipe visiteuse.

Nous aurons : Match 1 [1, N, 2], Match 2 [1, N, 2] , Match 3 [1, N, 2] et leur produit cartésiens sera :

1,1,1 / 1,1,N / 1,1,2 /
1,N,1 / 1,N,N / 1,N,2 /
1,2,1 / 1,2,N / 1,2,2 /

N,1,1 / N,1,N / N,1,2 /
N,N,1 / N,N,N / N,N,2 /
N,2,1 / N,2,N / N,2,2 /

2,1,1 / 2,1,N / 2,1,2 /
2,N,1 / 2,N,N / 2,N,2 /
2,2,1 / 2,2,N / 2,2,2 /

Ce qui nous fait toutes les combinaisons possibles. Comme vous le voyez, il vaut mieux avoir un algorithme qui fait ça pour nous. Nous éviterons ainsi de faire une erreur d'inattention et d'oublier un des termes. Surtout si on a plus de termes.

Mise en pratique

Mettons en pratique ce que nous venons de voir. Admettons que nous ayons deux listes :

A = [1,2,3]
B = [1,2,3]

Voici le code pour créer leur produit cartésien :

```
47   A = [1,2,3]
48   B = [1,2,3]
49
50   produit = [(a,b) for a in A for b in B]
51
52   print(produit)
53
```

Il suffit de faire une compréhension de listes et de récupérer les termes dans le tuple :
(a,b) en faisant une imbrication des deux boucles for :
for b in B est à l'intérieur de for a in A, ce qui veut dire qu'à chaque éléments de A toute la boucle for de B sera exécutée à nouveau.

Voici le résultat :

```
[(1, 1), (1, 2), (1, 3), (2, 1), (2, 2), (2, 3), (3, 1), (3, 2), (3, 3)]
```

Tous les termes sont là.

Maintenant reprenons notre exemple des matches un peu plus haut. Vous vous souvenez que c'était assez délicat de le faire à la main car nous pouvions oublier un terme ou en dupliquer un et qu'en plus de ça c'est assez long à faire selon le nombre de termes. Refaisons cet exemple avec les trois matches pour les valeurs 1, N et 2 :

Je nomme les matches A, B et C et je stoque les termes dans une variable que je nomme produit_matches. Regardez le code sur la capture suivante :

```
60    A = [1,"N",2]
61    B = [1,"N",2]
62    C = [1,"N",2]
63
64    produit_matches = [(a,b,c) for a in A for b in B for c in C]
65    print(produit_matches)
66
67
```

C'est exactement le même principe que dans l'exemple précédent sauf que nous rajoutons une liste, donc il y aura une imbrication de plus dans la compréhension de listes.

Regardez le résultat :

```
[(1, 1, 1), (1, 1, 'N'), (1, 1, 2), (1, 'N', 1), (1, 'N', 'N'), (1, 'N', 2), (1, 2, 1), (1, 2, 'N'),
```

Le résultat n'est pas visible en entier, je vais donc écrire mon code différemment pour pouvoir l'afficher correctement.

276

Regardez :

```
60   A = [1,"N",2]
61   B = [1,"N",2]
62   C = [1,"N",2]
63
64   produit_matches = [(a,b,c) for a in A for b in B for c in C]
65
66   for i,n in enumerate(produit_matches):
67       print(n)
68
```

Une simple boucle for (le enumerate n'est pas nécessaire, mais c'était pour sauter une ligne tout les trois termes, mais la capture aurait été trop longue).

Regardez le résultat :

```
(1, 1, 1)
(1, 1, 'N')
(1, 1, 2)
(1, 'N', 1)
(1, 'N', 'N')
(1, 'N', 2)
(1, 2, 1)
(1, 2, 'N')
(1, 2, 2)
('N', 1, 1)
('N', 1, 'N')
('N', 1, 2)
('N', 'N', 1)
('N', 'N', 'N')
('N', 'N', 2)
('N', 2, 1)
('N', 2, 'N')
('N', 2, 2)
(2, 1, 1)
(2, 1, 'N')
(2, 1, 2)
(2, 'N', 1)
(2, 'N', 'N')
(2, 'N', 2)
(2, 2, 1)
(2, 2, 'N')
(2, 2, 2)
```

Beaucoup plus rapide et précis que de le faire à la main n'est ce pas ? Passons maintenant à itertools et spécialement sa classe product.

Itertools

Pour utiliser la classe product du module itertools vous devez importer itertools, comme ceci :

from itertools import product

Nous allons faire un premier essai avec les listes [1,2,3] et [A,B,C]. Regardez le code :

```
19  from itertools import product
20  res = list(product([1,2,3], ["A", "B","C"]))
21  print(res)
```

Résultat :

```
[(1, 'A'), (1, 'B'), (1, 'C'), (2, 'A'), (2, 'B'), (2, 'C'), (3, 'A'), (3, 'B'), (3, 'C')]
```

Nous utilisons la classe product en lui donnant deux listes (nous pouvons lui en donner plus) nous convertissons le résultat en liste et nous l'affichons. C'est aussi simple que cela. Mais allons plus loin tout de même.

```
19  from itertools import product
20  res = list(product([1,2], ["A","B"], ["a", "b"]))
21  print(res)
22
```

Avec trois listes. Résultat :

```
[(1, 'A', 'a'), (1, 'A', 'b'), (1, 'B', 'a'), (1, 'B', 'b'), (2, 'A', 'a'), (2, 'A', 'b'), (2, 'B', 'a'), (2, 'B', 'b')]
```

Désolé pour la taille de la capture. Maintenant nous allons voir que nous pouvons répéter les termes dans chacun d'entre eux avec l'argument nommé : repeat.

Regardez le code suivant :

```
19  from itertools import product
20  res = list(product([1,2], ["A","B"], repeat=2))
21  print(res)
22
```

Résultat :

```
[(1, 'A', 1, 'A'), (1, 'A', 1, 'B'), (1, 'A', 2, 'A'), (1, 'A', 2, 'B'), (1, 'B', 1, 'A'),
```

Et là, votre première réaction sera : Ok, mais... A quoi ça sert ?

Bonne question. C'est là que je vous montre le prochain exemple pour vous convaincre de l'utilité de l'argument repeat :

```
19  from itertools import product
20  res = list(product(range(2), repeat=8))
21
22  for n in res:
23      print(n)
```

Je crée une liste de deux valeurs en faisant : range(2) . Je vais donc générer la liste [0,1] au cas ou vous ne l'auriez pas compris. Et je lui dis de le répéter huit fois à chaque fois. Je suis sur qu'une bonne partie d'entre-vous vient de comprendre l'utilité sans voir le résultat.

Comme vous le voyez à la ligne 22 ,j'affiche les résultats à la ligne, ainsi vous les verrez mieux, même si une fois encore, je n'afficherai pas tous les termes.

Regardez le résultat :

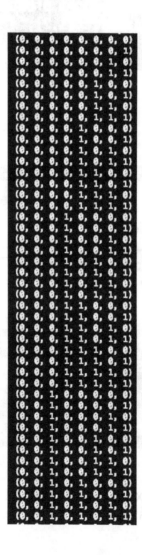

Super, on a créé le binaire. Voyons maintenant quelques exemples concrets.

Exemples

C'est parti pour quelques exemples concrets :

Hexadécimal

L'hexadécimal est un système numérique en informatique, qui comprend 16 unités allant de 0 à 9 et de A à F. Il est utilisé pour calculer les adresses mémoires ou pour définir les couleurs en les groupant par 2 pour chaque canal, en le précédent d'un symbole dièse. Comme ceci :

#00FF00

Ce qui signifie ici : 0 pour le rouge FF pour le vert et 0 pour le bleu.
Et donc vous aurez compris que FF vaut 256 étant donné que c'est la dernière valeur dans le produit cartésien des unités hexadécimales (16 unités x 16 unités) 16x16=256.

```
19   from itertools import product
20   Hexa_liste = [0,1,2,3,4,5,6,7,8,9,'A','B','C','D','E','F']
21   res = list(product(Hexa_liste, repeat=2))
22
23   for n in res:
24       print(n)
```

Je crée la liste des valeurs Hexadécimales et je les stoque dans une liste que j'envoie dans product en lui donnant 2 comme argument repeat :

```
(0, 0)
(0, 1)
(0, 2)
(0, 3)
(0, 4)
(0, 5)
(0, 6)
(0, 7)
(0, 8)
(0, 9)
(0, 'A')
(0, 'B')
(0, 'C')
(0, 'D')
(0, 'E')
(0, 'F')
(1, 0)
(1, 1)
(1, 2)
(1, 3)
(1, 4)
(1, 5)
(1, 6)
(1, 7)
(1, 8)
(1, 9)
(1, 'A')
(1, 'B')
(1, 'C')
(1, 'D')
(1, 'E')
(1, 'F')
(2, 0)
```

Vous allez me dire : OK, ça marche mais ça n'est pas très présentable comme ceci. Nous allons donc le formater un peu.

Reprenons notre code précédent et concentrons nous sur les lignes 24 à 28 (le reste ne change pas) :

```
19  from itertools import product
20  Hexa_liste = [0,1,2,3,4,5,6,7,8,9,'A','B','C','D','E','F']
21  res = list(product(Hexa_liste, repeat=2))
22
23
24  for n in res:
25      s = ""
26      for e in n:
27          s+=str(e)
28      print(s)
```

Le changement se situe dans la boucle for : Pour chaque élément au début de la boucle je crée une variable S qui est vide, puis j'imbrique une autre boucle for qui va parcourir chaque élément pour chaque terme et à chaque fois le concaténer à la variable. Pour faire simple je transforme les termes entre parenthèses en une chaine de caractères. Regardez :

C'est mieux n'est ce pas ? Mais nous pouvons encore l'améliorer. Maintenant nous allons les aligner 6 par 6 (comme pour les couleurs) et nous allons faire précéder chaque terme du symbole dièse.

```python
19    from itertools import product
20    Hexa_liste = [0,1,2,3,4,5,6,7,8,9,'A','B','C','D','E','F']
21    res = list(product(Hexa_liste, repeat=6))
22
23
24    for n in res:
25        s = "#"
26        for e in n:
27            s+=str(e)
28        print(s)
```

Pour ce qui est des changements : à la ligne 21 j'ai mis 6 en argument repeat et à la ligne 25 j'ai initialisé la variable S avec un dièse. Ce qui nous donne les résultats suivants :

Une fois encore je ne vous mets pas tous les termes dans la capture, il y en a autant que de nombre de couleurs dans votre logiciel de retouche favoris (je ne compte pas le canal alpha) 256x256x256, soit plus de 16 millions.

```
#3CDB20
#3CDB21
#3CDB22
#3CDB23
#3CDB24
#3CDB25
#3CDB26
#3CDB27
#3CDB28
#3CDB29
#3CDB2A
#3CDB2B
#3CDB2C
#3CDB2D
#3CDB2E
#3CDB2F
#3CDB30
#3CDB31
#3CDB32
#3CDB33
#3CDB34
#3CDB35
#3CDB36
#3CDB37
#3CDB38
#3CDB39
#3CDB3A
#3CDB3B
```

Voilà notre hexadécimal. Si vous l'avez testé vous avez vu que c'est assez long de le générer.

Conclusion

Python 3.7 est un langage de programmation très intéressant et très recherché par les employeurs. Il est très facile à assimiler mais comme tout langage de programmation c'est en s'entraînant qu'on acquiert des automatismes et un bon niveau.

Ce livre n'était que le tome 1 et nous y avons quand même vu :

<u>Les listes :</u>

Les listes sont très facile à utiliser et aussi très utiles. Vous pouvez les créer directement comme ceci :

```
6    ma_liste2 = [ 1, 2, 3, 4, 5 ]
7
```

Ou alors les créer vides et leurs ajouter des valeurs avec la méthode "append" comme ceci :

```
3    ma_liste = []
4
5    ma_liste.append(100)
6
```

288

On peut aussi utiliser la méthode reverse pour inverser le sens de la liste comme dans l'exemple suivant :

```
3    ma_liste = [1, 2, 3, 4, 5]
4
5    ma_liste.reverse()
6
```

On peut bien sur créer des listes de listes comme nous l'avons vu avec cet exemple :

```
27    Employes = [
28                ["Julien", 34, "Programmeur"],
29                ["Tom", 32, "Fonctionnaire"],
30                ["Lily", 23, "Etudiante"]
31            ]
32
33    print(Employes)
```

Les conditions :

Les conditions sont indispensables à tout programme informatique. Vous pouvez changer l'évolution d'un programme grâce à elles en fonction d'une condition. Voici le tableau des opérateurs de comparaisons que vous pouvez utiliser dans les conditions :

>	Plus grand que
<	Plus petit que
>=	Plus grand ou égal à
<=	Plus petit ou égal à
==	Egal à
!=	Différent de

Ils s'utilisent comme ceci :

A > B	A est plus grand que B
A < B	A est plus petit que B
A >= B	A est plus grand ou égal à B
A <= B	A est plus petit ou égal à B
A == B	A est égal à B
A != B	A est différent de B

Pour les conditions nous pouvons utiliser le IF qui veut dire SI, le ELIF qui veut dire SINON SI et le ELSE qui veut dire SINON et qui est en quelques sortes une voix de garages pour les conditions qui n'auraient pas été remplies avec le IF et les ELIF (s'il y en avait). Regardez un exemple :

```
205     age = 25
206
207     if age > 21:
208         print("Vous êtes suffisement âgé")
209         print("Cette partie est aussi dans le if")
210
211     elif age < 21:
212         print("Vous êtes trop jeune")
213
214     else:
215         print("Vous avez tout juste l'âge")
```

Les boucles :

Les boucles vont vous permettre de répéter une partie du code et en Python elles existent de deux manières. La boucle while que voici et qui permet de sortir de la boucle en fonction d'une condition :

```
226     A= 10
227
228     while A > 0:
229         print("Variable A = ", A)
230         A-=1
231
```

Et la boucle for qui est utilisée sur les séquences et qui a l'avantage de s'arrêter seule quand elle a fini de boucler sur tous les éléments de la séquence.

Regardez :

```
241    JoursSemaine = ["Lundi", "Mardi", "Mercredi",
242                    "Jeudi", "Vendredi", "Samedi", "Dimanche"]
243
244
245    for jour in JoursSemaine:
246        print("Nous sommes : ", jour)
247
```

Nous avons aussi vu les compréhensions de listes qui sont l'équivalent des boucles for mais en plus court à écrire (du moins sur une seule ligne) et elles sont aussi plus performantes :

```
285
286    carres2 = [x**2 for x in range(1,11)]
```

Les fonctions :

Basiquement les fonctions vont nous permettre d'englober une partie de notre code pour pouvoir le réutiliser sans le taper en nous contentant d'appeler la fonction par son nom :

```python
def Doubler(a):
    return 2*a

x = Doubler(10)
print(x)
```

Nous avons vu aussi les fonctions avec les arguments nommés et les arguments en nombre indéfinis comme ceci :

```python
694    def Moyenne(*args):
695        total = 0
696        moyenne = 0
697        print("Les notes sont : ",args)
698
699        for x in args:
700            total+=x
701
702        print("Le Total des notes est de :", total)
703        moyenne = total / len(args)
704        print("La Moyenne est de :", moyenne)
705
706
707
708    Moyenne(15,20,18,14,10,12)
```

La programmation orienté objet :

La programmation orientée objet ou POO est très puissante, elle va nous permettre de créer des classes qui seront réutilisables et malléables pour nos programme. Elles vont nous faire gagner un temps considérable même si pour le moment ça semble encore un peu flou pour vous, ça viendra avec l'expérience :

```python
720   class Personne:
721       """ Classe qui définit une personne """
722       def __init__(self):
723           self.prenom = "Prénom"
724           self.nom = "Nom"
725           self.score = 0
726
727       def direBonjour(self):
728           print("Bonjour", self.prenom +' '+self.nom)
729
730
731   # Sortie de la classe
732
733   Joueur1 = Personne()
734
735   Joueur1.prenom = "Julien"
736
737   Joueur1.nom = "Faujanet"
738
739
740   Joueur1.direBonjour()
```

Nous avons appris à créer des classes ainsi que les constructeurs, les méthodes et bien sur nous avons aussi vu l'héritage.

Ce livre est à présent terminé mais pas de panique, ce n'est que le tome 1 et le titre qui vous annonçait faire de vous un expert ne vous a pas menti. Rendez-vous pour le tome 2.

Si vous avez achété ce livre (ou ebook) sur Amazon, je vous remercie de me mettre un commentaire ainsi qu'une note pour aiguiller d'autres lecteurs, car c'est comme ça que je me fais connaître et que je peux continuer à publier des livres.

Bibliographie

Manuel indispensable pour Unity :

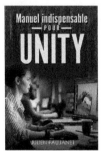

Dans ce livre vous apprendrez de façon claire et précise comment créer des jeux vidéos avec le moteur de jeux : Unity. Même si vous n'avez aucune notion de programmation, elles vous seront apprises de façon simple. L'auteur à sorti plusieurs jeux Smartphones grâce à ce moteur de jeux et sur différentes plateformes : Windows Phone / Android / IOS. Mais vous pouvez aussi créer vos jeux pour d'autres supports : Linux / Apple TV etc....
Lien : Manuel indispensable pour Unity

Bien commencer avec Python 3 :

Dans ce livre vous apprendrez les bases du langage de programmation Python dans sa version 3. Si vous voulez apprendre les bases (ainsi que quelques astuces) ce livre est celui qu'il vous faut. Vous apprendrez ce qu'il faut savoir de façon claire et rapide.
Lien : Bien commencer avec Python 3

Python 3, niveau intermédiaire :

Dans ce livre vous passerez au niveau supérieur si vous avez les bases en Python, vous apprendrez comment créer des logiciels de manipulations d'images avec Tkinter et la librairie Pil (Pillow).
Lien : Python 3 Niveau intermédiaire

Python 3, niveau avancé :

Dans ce livre, vous monterez encore d'un cran et le thème principal du livre est d'apprendre à dissimuler des données dans une image (ce domaine se nomme : sténographie). Ne faîtes pas l'erreur de croire que c'est quelque chose de compliqué… Pas avec ce livre.
Lien : Python 3 Niveau Avancé

Python 3, de débutant à avancé :

Ce livre est le regroupement des trois précédents livres en un seul volume. Mais cela fait de lui un des livres les plus achetés sur le langage Python. Trois livres pour le prix d'un, c'est le livre qu'il vous faut.
Lien : Python 3 de débutant à avancé

Bien commencer avec Pygame :

Vous voulez créer des jeux vidéo simples avec le langage de programmation Python, mais vous ne voulez pas apprendre une technologie compliquée et vous souhaitez que votre apprentissage soit assez rapide ? Ce livre vous apportera les bases qu'il vous faut.
Lien : Bien commencer avec Pygame

Automatisation avec Python :

Vous voulez apprendre comment faire exécuter des taches à votre ordinateur grâce au langage de programmation Python ? Vous voulez créer un système qui clique automatiquement ou qui se connecte à un site ? Vous voulez créer un « bot » ? Vous êtes devant le bon livre.
Lien : Automatisation avec Python

L' API Twitter en Python tome 1 :

Ce livre vous permettra de manipuler Twitter en Python. Pour automatiser toutes les taches que vous désirez comme : écrire des tweets, retweeter automatiquement, faire des recherches d'utilisateurs. Vous voulez un « bot » pour Twitter ? Lisez ce livre.
Lien : L'Api Twitter avec Python

Python Utile :

Dans ce livre vous allez apprendre à utiliser des fonctionnalités souvent vues comme obscures : Les décorateurs, les méthodes magiques, les produits cartésiens, mais aussi les bots et bien d'autres.
Lien : Python Utile

WxPython :

Vous cherchez une bibliothèque Python pour réaliser des interfaces graphiques très simplement et rapidement ? Alors WxPython est pour vous. Il s'agit de la bibliothèque la plus simple à prendre en main. Après la lecture de ce livre, vous serez étonné de voir de quoi vous êtes capable.
Lien : WxPython

Bien évidemment les liens ne sont accessibles que pour la version Ebook.